BIBLIOTHÈQUE GIDIENNE
sous la direction de Peter Schnyder
21

Le *Thésée* d'André Gide

Ouvrage publié avec le soutien de la Fondation Catherine Gide

Bianca-Livia Bartoş

Le *Thésée* d'André Gide

Entre tradition et innovation

PARIS
CLASSIQUES GARNIER
2022

Bianca-Livia Bartoş est docteure en lettres et professeure de français langue étrangère à Cluj-Napoca en Roumanie. Elle a notamment publié *Hervé Bazin : avatars d'une écriture poétique*.

© 2022. Classiques Garnier, Paris.
Reproduction et traduction, même partielles, interdites.
Tous droits réservés pour tous les pays.

ISBN 978-2-406-12718-5 (livre broché)
ISBN 978-2-406-12719-2 (livre relié)
ISSN 2492-9697

TABLE DES RÉFÉRENCES

Les références aux œuvres d'André Gide sont indiquées à la suite des citations. Elles renvoient, sauf exception alors signalée en note, à la collection « Bibliothèque de la Pléiade » :

J, I-II	*Journal*, t. I : *1887-1925*, édition établie, présentée et annotée par Éric Marty, Paris, Gallimard, « Bibliothèque de la Pléiade », 1996 ; II : *1926-1950*, édition établie, présentée et annotée par Martine Sagaert, Paris, Gallimard, « Bibliothèque de la Pléiade », 1997.
RR, I-II	*Romans et récits, œuvres lyriques et dramatiques*, t. I, édition établie, présentée et annotée par Pierre Masson, avec la collaboration de Jean Claude, Alain Goulet, David Walker et Jean-Michel Wittmann, Paris, Gallimard, « Bibliothèque de la Pléiade », 2009 ; t. II, édition établie, présentée et annotée par Pierre Masson, avec la collaboration de Jean Claude, Céline Dhérin, Alain Goulet et David Walker, Paris, Gallimard, « Bibliothèque de la Pléiade », 2009.
SV	*Souvenirs et voyages*, édition établie, présentée et annotée par Pierre Masson, avec la collaboration de Daniel Durosay et Martine Sagaert, Paris, Gallimard, « Bibliothèque de la Pléiade », 2001.

INTRODUCTION

L'imitation est à l'origine de l'art et, par conséquent, tout art est mimétique, notait Aristote. C'est ainsi que, dans les premières décennies du XXe siècle français, nous pouvons relever une tendance à réécrire les thèmes traditionnels des courants classiques ou romantiques. L'écriture de cette période se caractérise aussi par l'autoréférentialité, un des traits exemplaires de la création moderne : l'auteur cherche à se refléter lui-même comme écrivain. Dans ce contexte, André Gide se distingue par une vision inédite de la littérature : il est d'abord un classique, fidèle à la tradition, mais il modernise le récit à travers le recours à la mise en abyme, la thématisation de l'acte gratuit et la démystification de personnages mythiques.

On assiste, dans les écrits gidiens, à une renaissance de la mythologie par le biais d'une réécriture des mythes gréco-romains. Le mythe se présente donc, chez l'auteur de *Thésée*, comme un motif littéraire, autrement dit, comme le remarque Pierre Renauld, « un sujet à approfondir, à pétrir, à revêtir de significations personnelles[1] ». Le mythe invite aussi à la réflexion : « Comme tout discours symbolique, le mythe appelle une interprétation et est ainsi un point de départ pour la pensée[2] », souligne Jacqueline Bel.

Dans cette perspective, on remarque aisément que s'il suit pas à pas la légende-source, l'écrivain ne souhaite pas reprendre fidèlement le mythe : celui-ci ne représente pour lui qu'un point de départ. Prenant appui sur cette évidence, l'un des objectifs de cette étude est précisément d'analyser les changements que Gide apporte à chaque mythème choisi. C'est ainsi que l'étude de l'esthétique gidienne telle qu'elle se dévoile dans son ouvrage testamentaire constitue le but primaire de

1 Pierre Renauld, « Gide, Plutarque et la légende de Thésée », *Bulletin des Amis d'André Gide* [*BAAG*], n° 106, avril 1995, p. 248.

2 Jacqueline Bel, « Métamorphose et réécriture du mythe : vecteur de mémoire et instrument de compréhension de l'histoire spirituelle de la société », dans Peter Schnyder (éd.), *Métamorphoses du mythe. Réécritures anciennes et modernes des mythes anciens*, avant-propos de Jean Bollack, Paris, Orizons, 2007, p. 62. [Nous abrégerons par la suite cet ouvrage : *MM*.]

notre recherche. À travers les différentes étapes de notre analyse, nous souhaitons explorer la réécriture gidienne du mythe de Thésée et ainsi mettre en lumière par quelles techniques il peut être considéré comme une synthèse accomplie de son esthétique.

La finalité de cette recherche n'est donc pas d'entamer une étude comparative entre le mythe de Thésée, tel qu'il se présente dans les légendes grecques, et la réécriture gidienne. Cela a été déjà fait. Citons ici l'analyse de Pierre Renauld, ciblée sur une lecture comparative entre le texte du *Thésée* gidien et le même mythe dans la version de Plutarque. D'autres recherches portant sur le même sujet ont été entamées par Diana-Adriana Lefter, d'abord, et par Céline Dhérin, ensuite, en collaboration avec Claude Martin[3]. Dans un chapitre de son étude portant sur les mythes grecs chez Gide, Patrick Pollard traite également de Thésée, en comparant la tradition classique avec la réécriture gidienne[4]. Gian Luigi Di Bernardini poursuit le même objectif dans son article pour le volume collectif intitulé *Métamorphoses du mythe*[5].

C'est ainsi que, dans un souhait d'originalité, notre attention ne visera ce sujet que dans la première partie et seulement comme point de départ d'une analyse plus complexe, focalisée sur les techniques littéraires et artistiques de l'auteur, prêt à conquérir son public avec ce dernier texte publié. En 1946, le récit paraît d'abord chez Pantheon Books (Schiffrin), à New York, et ensuite dans *Les Cahiers de la Pléiade*. Enfin, le volume sort aux éditions Gallimard. Un an plus tard, Gide est couronné du Prix Nobel de Littérature.

Par le *corpus* choisi, nous proposons donc un regard centré sur la réécriture du mythe de Thésée dans le récit testamentaire de Gide, texte qui continue la série d'œuvres inspirées de la mythologie et représente un point de référence dans toute tentative d'analyse de l'esthétique gidienne. Écrit cinq ans avant la mort de l'écrivain, couronnement d'une existence consacrée à l'écriture, *Thésée* garde trace de l'ensemble

3 Diana-Adriana Lefter, *Du mythe au moi. Le mythe de Narcisse et de Thésée chez André Gide*, Bucarest, Editura Universității din Bucureşti, 2007 ; Céline Dhérin, Claude Martin, *Pour l'histoire du* Thésée *d'André Gide*, Tupin-et-Semons, Publications de l'Association des Amis d'André Gide, 2012.

4 Patrick Pollard, *Gide et le mythe grec. Suivi de fragments du Traité des Dioscures et autres textes inédits*, Paris, Classiques Garnier, 2019, et *id.*, « The Sources of André Gide's *Thésée* », *Modern Language Review*, n° 2, avril 1970, p. 290-297.

5 Gian Luigi Di Bernardini, « Le paradoxe énonciatif du *Thésée* gidien », dans *MM*, p. 605-616.

des principes fondant l'esthétique gidienne. L'auteur enclave toute sa personnalité dans l'image d'un héros de la mythologie grecque au sein de la modernité du XXe siècle.

Notre travail est composé de deux parties. La première s'intitule « André Gide et la tentation du mythe » et compte deux chapitres, précédés par des considérations méthodologiques. D'abord, nous nous proposons de revenir sur la théorie du *mythe*, jalon essentiel de notre itinéraire critique. Il s'agit de rappeler comment le concept est défini par les théoriciens de la littérature et d'observer, plus particulièrement, le mythe classique de Thésée et ses manifestations dans toute la littérature jusqu'à André Gide. L'analyse se poursuit ensuite autour des changements que l'écrivain apporte au mythe originel. Elle tient compte des premières rencontres du jeune Gide avec la mythologie, du contexte de parution de *Thésée* et des raisons qui guident l'auteur dans le choix de ce personnage. Enfin, par des exemples tirés du texte gidien, nous mettons en évidence ses principales différences avec le mythe classique.

La deuxième partie de l'ouvrage, « *Thésée*, synthèse de l'esthétique gidienne », vise à dévoiler les principes-clés de l'esthétique gidienne renfermée par le récit. Elle s'ouvre sur l'analyse de la rencontre entre Œdipe et Thésée, située à la fin du texte. Notre objectif est de montrer qu'en réunissant ces deux personnages, Gide réunit également deux mythes, et par là transforme son récit en un art poétique. *Thésée* serait alors un tableau scriptural de sa vision artistique. Dans cette perspective, nous allons renvoyer de manière ponctuelle à d'autres textes gidiens, tels que *Si le grain ne meurt* (1924), *Les Faux-monnayeurs* (1925), *L'Immoraliste* (1902), *Les Nourritures terrestres* (1897) ou encore le *Journal*, excellent exercice d'introspection pour l'écrivain et outil essentiel pour le lecteur. Avec l'objectif de mieux comprendre les raisons qui motivent ce dernier retour de Gide à la mythologique classique, réservoir où il puise avec une grande liberté, le deuxième chapitre s'attache à proposer une définition de l'esthétique gidienne. Elle englobe, comme nous allons le voir au fil des pages, trois concepts-clé : l'égotisme, la sincérité et la disponibilité de l'artiste, réinterprétés par le héros gidien, qui tout en se faisait héritier d'une certaine tradition, incarne une modernité propre au XXe siècle.

En d'autres termes, cette recherche se développe dans deux directions, que nous allons suivre successivement : de la réécriture du mythe chez Gide, nous allons procéder à la définition de son esthétique.

PREMIÈRE PARTIE

ANDRÉ GIDE
ET LA TENTATION DU MYTHE

CONSIDÉRATIONS THÉORIQUES ET MÉTHODOLOGIQUES

Tout au long du siècle passé, André Gide, l'homme et l'écrivain, a fait l'objet de nombreuses études. On peut citer ici Ramon Fernandez[1], Léon Pierre-Quint[2] ou Jean-Jacques Thierry[3]. Après la mort de l'auteur en 1951, les témoignages laisseront la place aux premiers travaux scientifiques, plus détaillés, ainsi qu'aux premiers ouvrages consacrés à l'intégralité de sa production. De ce fait, quatre années après cette date fatidique est publiée la première monographie, signée par Claude Jacques Mahias : *La Vie d'André Gide*. Plus tard, en 1963, Claude Martin fait paraître aux Éditions du Seuil *André Gide par lui-même*[4]. Elle sera suivie par une étude de plus grande ampleur, *André Gide ou la vocation du bonheur* (Fayard, 1988).

L'œuvre de Gide, multiforme et diverse, a suscité de manière constante l'intérêt de la critique, qu'il s'agisse d'élucider ses textes d'un point de vue stylistique, ou de tenter d'expliquer le mystère de sa vie d'artiste ou encore de dévoiler le sens caché derrière les images qu'il crée. On peut citer, pour ce dernier aspect, René Marill Albérès[5] et Roger Martin du

1 Ayant fait connaissance avec tous les grands écrivains de son époque, Ramon Fernandez choisit de dédier l'une de ses études à André Gide et il le fait d'une manière si authentique que la réaction gidienne est mémorable : « C'est la première fois qu'on me tend un miroir où je peux voir une image de moi complète et non déformée ». (André Gide cité par Jacqueline Piatier, « La réapparition de Ramon Fernandez… », *Le Monde*, 15 juin 1979, en ligne : <https://www.lemonde.fr/archives/article/1979/06/15/la-reapparition-de-ramon-fernandez-j-admire-mon-pere-parce-que-je-l-ai-lu_3054194_1819218.html> [consulté le 14 juillet 2021].) Gide fait ici référence à l'essai intitulé *André Gide*, paru chez Corrêa en 1931.

2 Léon Pierre-Quint, *André Gide* [1932], Paris, Delemain & Boutelleau, 1952.

3 Co-fondateur de la revue *Prétexte*, ayant consacré son premier numéro à l'œuvre gidienne, Jean-Jacques Thierry publie en 1986 une biographie concise de l'auteur : *André Gide*, Paris, Hachette, 1986 [abrégé par la suite : *AG*].

4 Claude Martin, professeur émérite de l'université de Lyon, a consacré une grande partie de sa vie à l'étude de la biographie et de l'œuvre gidienne. En 1968, il a fondé l'Association des Amis d'André Gide (AAAG).

5 René-Marill Albérès, *L'Odyssée d'André Gide*, Paris, La Nouvelle Édition, 1951.

Gard[6], ou encore l'auteur roumain Nicolae Steinhardt, qui écrit en 1980 une étude fort intéressante sur la théorie de l'acte gratuit[7]. Mentionnons également le nom de Diana-Adriana Lefter, qui en des temps plus récents, a travaillé sur la démystification de la mythologie dans l'œuvre gidienne. Ses travaux constituent un point de référence sur le sujet et notamment son essai *Du mythe au moi. Le mythe de Narcisse et de Thésée chez André Gide*[8], publié en 2007. La thèse principale qui est développée est celle de la quête du Moi des héros bâtards qui peuplent les textes de fiction. Ainsi, bien que nos démarches puissent être considérées comme assez similaires, c'est précisément sur cette idée que notre travail se distingue : notre objectif principal n'est pas de suivre le parcours intérieur du personnage, si ce n'est pour montrer qu'il se fait l'expression de l'esthétique gidienne et de son glissement énergique vers la modernité.

Toujours en 2007, un mémoire de maîtrise tchèque, *La Mythologie dans l'œuvre d'André Gide*[9], a eu comme objet la mythologie dans l'œuvre gidienne, mais *Thésée* n'a pas été étudié. Un autre ouvrage de référence est celui de Céline Dhérin et Claude Martin, portant exclusivement sur le récit gidien. Publié en 2012 avec le soutien de l'Association des Amis d'André Gide (AAAG), le volume est intitulé de manière suggestive : *Pour l'histoire du* Thésée *d'André Gide. Genèse et réception.* Il porte sur la genèse de *Thésée* telle qu'elle apparaît à la lecture du *Journal* de l'auteur, ainsi que sur une étude comparative des quatre versions différentes du *Thésée* gidien : le manuscrit conservé à la Bibliothèque littéraire Jacques-Doucet (Paris), l'édition publiée à New York par Schiffrin, le texte des *Cahiers de la Pléiade* et, enfin, celui paru chez Gallimard. C'est justement sur ce point que notre analyse diffère, car s'il s'agit bien, dans le premier volet de notre travail, de proposer une lecture en parallèle, celle-ci est axée sur la comparaison entre le mythe grec original et le texte de Gide, sans tenir compte de ses variantes. Ce premier volet est suivi, nous l'avons évoqué, par un second, qui touche à l'esthétique gidienne. De ce fait, si l'ouvrage de Dhérin et Martin est centré sur une analyse de l'acte créateur – ainsi défini par les multiples

6 Roger Martin du Gard, *Notes sur André Gide (1935-1951)* [1951], Paris, Gallimard, 1968.

7 Nicolae Steinhardt, « Teoria actului gratuit », dans *Incertudini literare*, Cluj-Napoca, Dacia, 1980.

8 Diana-Adriana Lefter, *op. cit.*

9 Renata Jelínková, *La Mythologie dans l'œuvre d'André Gide*, mémoire de maîtrise, Universita Karlova (Prague), 2007.

versions du récit –, et sur la réception de *Thésée* dans l'univers des belles lettres, notre démarche est unidirectionnelle : il s'agit d'une analyse de la création en tant qu'œuvre (dé)finie.

Très récemment, Patrick Pollard a publié chez les Classiques Garnier son étude *Gide et le mythe grec*, suivi de quelques textes inédits de l'écrivain. Il s'agit dans ce cas d'un ouvrage plus complexe, qui passe en revue l'intégralité des mythes grecs chez Gide, y compris donc le mythe de Thésée. De ce fait, il constitue un point de repère fondamental. Le mythe de Thésée est analysé dans le chapitre consacré aux « Trois bienfaiteurs de l'humanité » (à côté de celui de Perséphone et d'Œdipe[10]). L'auteur propose une étude comparative du mythe tel qu'il est raconté par Plutarque et tel qu'il est réécrit par Gide, en passant en revue les mythèmes les plus notables.

Au-delà de ces études, il y a des articles qui traitent différents aspects du *Thésée* gidien, mais sans proposer un regard d'ensemble sur le récit. Citons ici les noms de Robert Kanters, Pierre Lachasse, Robert Kemp, Pierre Renauld ou Pierre Masson, que nous allons d'ailleurs évoquer dans notre analyse. Dans ce contexte, il ne faut pas négliger l'apport de certains sites internet, qui sont des excellentes sources d'informations pour les chercheurs gidiens. Au-delà des publications écrites, nous avons pu consulter le matériel mis à disposition sur le site gidiana.org, le blog e-gide et le Centre d'études gidiennes de Metz (CEG). La bibliothèque de ce dernier réunit des textes critiques portant sur l'intégralité de l'œuvre de l'auteur : récits, soties, romans, correspondances ou écrits de voyage. Compte tenu de cela, et malgré un héritage critique de si grande envergure, la preuve la plus valide de l'existence littéraire gidienne demeure pour nous sa propre œuvre autobiographique, à savoir ses textes introspectifs, comme *Les Cahiers d'André Walter* (1891) ou le *Journal*.

On observe donc un grand intérêt critique pour l'œuvre de Gide. Au fil du temps, des monographies et des études ont été mises à disposition du lecteur par tous les moyens, classiques et modernes à la fois. Abordant une multitude de thèmes différents (la morale, l'écriture, les personnages, etc.), ces travaux sont venus construire un tableau complexe : l'image de Gide en tant qu'homme, en tant que personnalité, et son image en tant qu'auteur, son esthétique.

10 Patrick Pollard, *Gide et le mythe grec…*, *op. cit.*, p. 123-161.

En analysant de près cette panoplie d'études, on observe que l'emploi de la mythologie dans l'œuvre gidienne semble être l'un des thèmes moins exploités par la critique littéraire. C'est ainsi que, sans viser l'exhaustivité, mais se voulant plutôt comme un prolongement de la réflexion ouverte par les auteur.e.s ci-dessus nommé.e.s, notre analyse se propose de contribuer à une meilleure connaissance de la mythologie chez Gide, en général, et de la réécriture de *Thésée*, en particulier. Et puisque l'analyse comparative ne constitue pas l'objectif principal de notre étude, elle se fera seulement dans la volonté d'offrir une ouverture vers le second volet. C'est dans cet ordre d'idées que notre réflexion sur la mythologie est complétée par un schéma de lecture du *Thésée* gidien comme miroir de son esthétique.

Étant donné que l'auteur ne s'arrête pas, dans sa réécriture du mythe, à la *mimesis*, mais s'attaque à une recréation du mythe en changeant le contenu original, une seconde voie s'ouvre, concernant les techniques de travail associées à sa démarche. Il s'agit de la mythanalyse, à laquelle nous allons recourir pour cerner les différences entre le mythe classique et le récit gidien. Sans oublier les apports de la narratologie, qui nous permet d'étudier les techniques et les structures narratives du récit.

REPÈRES MYTHOLOGIQUES

LE MYTHE ET LES ORIGINES DE LA MYTHOLOGIE

« L'homme vit des mythes où il se retrouve et se poursuit[1] », écrit Raymond Trousson. Visiblement ancré dans la conscience de l'être humain, le mythe renvoie à un désir de « remonter vers l'origine (ou vers le centre[2]) », vers l'existence primordiale, représentant ainsi une alternative légendaire à la condition adamique. Dans ce processus de *regressus ad uterum*, troublé par son origine énigmatique, l'homme est condamné à chercher sans relâche la possible cause qui a engendré la Création même. On se souvient ici de la quête d'Icare dans le récit gidien :

> Qui a donc commencé : l'homme ou la femme ? L'Éternel est-il féminin ? Du ventre de quelle grande Mère êtes-vous sorties, formes multiples ? Et ventre fécondé par quel engendreur ? Dualité inadmissible. Dans ce cas, le dieu, c'est l'enfant [...]. Il n'y a pas des dieux, mais un Dieu. (*RR*, II, p. 1005.)

Mais avant tout autre considération et pour y voir plus clair, il convient d'abord de donner une définition de « mythe » et de « mythologie ». Selon le *Trésor de la langue française*, le mythe prend comme sens dénotatif l'acception d'histoire imaginaire : « Récit relatant des faits imaginaires non consignés par l'Histoire, transmis par la tradition et mettant en scène des êtres représentant symboliquement des forces physiques, des

1 Raymond Trousson, *Thèmes et mythes*, Bruxelles, Éditions de l'université de Bruxelles, 1981, p. 8.

2 Danièle Chauvin, « Bible et mythocritique », dans *Questions de mythocritique. Dictionnaire*, ouvrage publié sous la direction de Danièle Chauvin, André Siganos et Philippe Walter, Paris, Imago, 2005, p. 47.

généralités d'ordre philosophique, métaphysique ou social[3]. » Selon le même dictionnaire, la mythologie représente un concept plus vaste : elle est définie comme « connaissance et explication des mythes, de leur signification » et ensuite comme « ensemble des mythes propres à une civilisation, à un peuple, à une religion, à un thème, à un élément[4] ». C'est la raison pour laquelle notre analyse, centrée sur un Thésée qui ne peut pas être séparé de son cadre de vie, va s'intéresser à la fois au mythe et à la mythologie, terme dont on retient la double acception : d'abord, comme ensemble, comme unité cohérente de récits divers, ensuite, au sens d'étude, de recherche et de connaissance.

Mais quelles sont les sources du mythe et de la mythologie ? Dans son ouvrage *Le Mythe et l'homme*, Roger Caillois observe que le mythe apparaît dans l'histoire de l'humanité comme l'une des multiples formes que peut produire l'imagination humaine : les contes de fées, les contes fantastiques ou la magie[5]. Il y a une grande relation entre l'homme et le Monde puisque, tel que le constate Mircea Eliade, si le Monde nous parle à travers ses astres, ses planètes et ses animaux, l'homme lui répond par ses rêves et sa vie imaginaire : « Le mythe a la fonction de révéler des modèles et de fournir une signification au Monde et à l'existence humaine[6]. » Dans ce processus, l'imagination joue un rôle extrêmement important, car le rite force l'homme à transcender ses limites et l'oblige à se situer auprès des dieux et des personnages mythiques, afin de pouvoir accomplir leurs actes. Mircea Eliade définit les sources d'inspiration comme « des crises, des rencontres, des révélations, bref, des expériences religieuses privilégiées, accompagnées et enrichies par un essaim d'images et de scénarios particulièrement vivants et dramatiques[7] ». L'imagination entre donc d'abord en crise avant que la révélation n'intervienne.

Imprégné d'un grand nombre de légendes, l'homme ressent le désir de les inventorier pour nourrir les générations futures de cet héritage. Il s'agit là d'une dot spirituelle censée démystifier le comment de l'existence

---

3 *Trésor de la langue française*, *s. v.* « mythe », en ligne : <https://www.cnrtl.fr/definition/mythe> [consulté le 14 juillet 2021].

4 *Trésor de la langue française*, *s. v.* « mythologie », en ligne : <http://www.cnrtl.fr/definition/mythologie> [consulté le 14 juillet 2021].

5 Roger Caillois, *Le Mythe et l'homme*, Paris, Gallimard, 1938, p. 6-9.

6 Mircea Eliade, *Aspects du mythe*, Paris, Gallimard, 1963, p. 117.

7 *Ibid.*, p. 179.

et apprendre à l'être humain à en extraire des morales. « Les personnages vivent en nous et nous sommes en eux », écrit Raymond Trousson, « dans toute révolte il y a un Prométhée, dans toute quête un Orphée ; nous frémissons devant Médée, rêvons devant Tristan, tremblons devant Œdipe[8] ». Sonder les mythes, les disséquer pour ensuite les recomposer est un processus qui s'achève avec la fusion homme-personnage mythologique. Autant l'auteur que son lecteur arrivent à prendre part au mythe, à sentir les émotions des personnages. Mais, encore plus important, le lecteur est invité par l'auteur lui-même à participer aux événements.

Quant aux fonctions du mythe, Diana-Adriana Lefter en propose une classification représentative. On apprend ainsi que le premier rôle du mythe est d'ordre narratif, ce qui est à mettre en rapport avec le sens étymologique du terme : issu du grec *mythos*, il renvoie à ce qui est narratif en opposition au *logos*, qui est le discours dialectique. Le deuxième rôle du mythe, toujours selon Diana-Adriana Lefter, réside dans le fait qu'il donne des explications et, en cela, il se rapproche de l'archétype. Enfin, la troisième fonction du mythe est la révélation, car il devient objet de foi et histoire sacrée[9].

LE MYTHE ET LA RELIGION

Selon Mircea Eliade, le mythe représente une histoire vraie, qui se déroule aux débuts du Temps et qui sert de modèle au comportement humain : en imitant les actes exemplaires d'un dieu ou d'un héros mythique, ou bien tout simplement en racontant ses aventures, l'homme des sociétés archaïques a le pouvoir de se détacher du temps profane et d'entrer dans la magie du Grand Temps, le temps sacré. On constate pourtant que le monde moderne n'est pas du tout riche en mythes. Dans ce cas, suggère Mircea Eliade, le christianisme devrait au moins conserver un « comportement » mythique, qui est celui de la liturgie. Celui-ci possède le grand avantage d'inviter à un refus du temps profane et de permettre ainsi l'entrée dans le Grand Temps, *illud tempus*, le temps des commencements[10].

En effet, une relation très étroite s'établit entre la mythologie et la religion. Ce lien apparaît clair à la lecture de la définition du terme donnée

---

8 Raymond Trousson, *op. cit.*, p. 8.

9 Diana-Adriana Lefter, *Du mythe au moi…*, *op. cit.*, p. 20.

10 Mircea Eliade, *Mituri, vise şi mistere* [1957], Bucarest, Univers Enciclopedic, 1998, p. 17-18.

par les dictionnaires de mythologie et se renforce suivant l'interprétation de Mircea Eliade. Sans négliger de citer ici les considérations formulées par Georges Dumézil et Claude Lévi-Strauss dans leurs ouvrages respectifs. Ainsi, d'après le *Dictionnaire de mythologie générale*, la « mythologie » désigne l'ensemble des mythes et légendes concernant une religion. La création des mythes implique la connaissance des rites spécifiques d'une communauté donnée :

> L'homme primitif, pour dominer les puissances surnaturelles ou se les rendre favorables, recourt à certains rites, de caractère magique plus que religieux [...]. Les autres mythes concernent les dieux eux-mêmes : ce sont certainement les plus tardifs. Ils supposent, pour se constituer, une religion bien établie et assez loin déjà de ses origines[11].

Au-delà de la similitude théorique existant entre le mythe et la religion, on remarque que cette relation d'interdépendance se manifeste également dans les réécritures mythologiques ainsi que dans leur analyse. Jean Bollack observe par exemple que parmi les contributeurs du colloque *Métamorphoses du mythe*, nombreux sont ceux qui s'attardent sur l'étude d'un sujet chrétien en relation avec le mythe grec et parlent à ce propos de symbiose. Mais, selon l'auteur, il y a entre les deux une « histoire conflictuelle[12] » : il souligne qu'avec le triomphe du christianisme au Ve siècle, la mythologie perd progressivement du terrain, devenant oubliée ou même combattue. Ce terrain, elle le regagne pourtant au seuil de la modernité, comme le souligne Éric Lecler. Le critique met l'accent sur le fait qu'il y a une « recherche » qui se met en place à l'époque romantique pour réparer la « perte de l'origine et [...] la restituer au monde[13] ». Cette recherche se réalise par le grand nombre de réécritures mythologiques, entamées dans le cadre d'une quête perpétuelle de la condition adamique. La réécriture du mythe – que Jacqueline Bel qualifie de « recyclage[14] » – se fait dans un but esthétique, ce qui suscite depuis toujours l'intérêt de la théorie et de la critique littéraires.

L'on verra plus tard comment, dans sa démarche de mythographe, Gide s'empare du mythe dans le but de lancer à ses lecteurs une invitation

11 Voir *Dictionnaire de mythologie générale*, sous la direction de Félix Guirand, Paris, Librairie Larousse, 1935.

12 Jean Bollack, « Le problème du mythe. De quoi est-il fait ? », dans *MM*, p. 12.

13 Éric Lecler, « De la statue au roman : la nouvelle mythologie romantique », *ibid.*, p. 412.

14 Jacqueline Bel, art. cité, p. 59.

à le suivre, à embrasser sa propre vision des choses. Et ce n'est pas tout, car, comme l'observe Peter Schnyder, la réécriture du mythe permet à l'auteur d'affirmer sa liberté[15].

LE MYTHE ET LE SAVOIR

À l'aide des mythes, on n'apprend pas seulement l'origine du monde, des plantes, des animaux, mais aussi de tous les événements primordiaux à la suite desquels l'homme est devenu l'être mortel d'aujourd'hui : s'il est mortel, c'est qu'il s'est passé quelque chose *in illo tempore* qui a changé son statut d'immortel. Nous sommes donc le résultat d'une série d'événements qui ont eu lieu avant nous[16].

À travers la connaissance du mythe, on a donc accès à l'origine. Quand on connaît le secret de l'origine du monde, le temps peut, lui aussi, être maîtrisé. Au XXe siècle, l'étude scientifique des commencements a pris la direction de la psychanalyse, pour qui l'enfant vit dans un temps mythique. Freud parle de deux « idées de commencement » : la béatitude du départ et le retour en arrière, à travers lequel on peut réactualiser certains événements décisifs de l'enfance. Comme technique, on utilise le « *regressus ad uterum* » : « Du point de vue de la structure, le retour à la matrice correspond à la régression de l'Univers à l'état chaotique ou embryonnaire[17]. » À titre d'exemple, afin de prouver qu'à l'aide du mythe on a autant de chances de connaître les origines que de récupérer le passé, Freud propose une interprétation du trajet de Thésée dans sa *Psychopathologie de la vie quotidienne*[18]. En analysant seulement la présence du héros dans le labyrinthe, le psychanalyste voit dans son trajet une représentation linéaire de la naissance.

En quelques mots, nous pouvons définir le mythe comme le récit des actes des héros mythiques ou des dieux. Il s'agit d'une histoire sacrée toujours rapportée à une création. En connaissant le mythe, nous avons accès à l'origine des choses et pouvons en disposer ensuite à notre gré.

---

15 Peter Schnyder, « Métamorphoses du mythe. Réécritures anciennes et modernes des mythes anciens », dans *MM*, p. 30.

16 Mircea Eliade, *Aspects du mythe*, *op. cit.*, p. 16-32.

17 *Ibid.*, p. 102.

18 Raymond Trousson, *op. cit.*, p. 17.

THÉSÉE, HÉROS DE LA MYTHOLOGIE GRECQUE

Au sommet de sa carrière littéraire, Gide puise une nouvelle fois dans l'univers de la mythologie grecque avec le but de trouver un personnage emblématique pour son projet testamentaire. C'est ainsi que, regardant la série des rois mythiques d'Athènes, l'écrivain s'arrête devant la gloire pérenne de Thésée. Il vient à la suite de Cécrops, Érechthée, Pandion et Égée et est considéré comme le véritable fondateur de la cité[19]. Débutant par une brève présentation biographique du héros grec, Pierre Brunel, dans son *Dictionnaire des mythes littéraires*, fait l'inventaire des auteurs ayant abordé ce mythe dans leurs écrits. Il procède tout naturellement de manière chronologique : la tragédie grecque, d'abord, puis le monde latin, le Moyen-Âge, le XVIe siècle et celui des Lumières, pour terminer sur la réception du mythe à l'époque contemporaine. Il en résulte que Thésée est un personnage soulevant beaucoup de questionnements de l'Antiquité jusqu'à nos jours – mentionnons ici le dernier roman de Camille de Toledo, *Thésée, sa vie nouvelle*, paru en 2020[20].

Dans le *Dictionnaire* cité, la notice consacrée à Thésée s'ouvre par une brève présentation biographique. Le héros est fils d'Aethra et d'Égée / du dieu Poséidon. Il bénéficierait donc des avantages d'une « double naissance[21] », comme l'explicite Pierre Brunel dans un ouvrage plus tardif. Toujours dans le *Dictionnaire*, le discours se poursuit autour de la quête identitaire du protagoniste qui s'engage à entreprendre un chemin dangereux. Ce sera le point de départ de son parcours, une sorte d'initiation à la vie :

> Après une courte visite d'Égée à Trézène [...] Aethra, la fille du roi, a un enfant dont on ne sait pas s'il est le fils d'Égée ou du dieu Poséidon. Lorsque l'enfant, Thésée, a seize ans, sa mère lui fait le récit de sa naissance et l'amène devant un rocher sous lequel Égée avait placé, en signe de reconnaissance,

19 *Dictionnaire des mythes littéraires*, *s. v.* « Thésée », ouvrage publié sous la direction de Pierre Brunel, Paris, Éditions du Rocher / Jean-Paul Bertrand, 1988.

20 Camille de Toledo, *Thésée, sa vie nouvelle*, Paris, Verdier, 2020.

21 Pierre Brunel, *Mythocritique. Théorie et parcours* [1992], Grenoble, Éditions université Grenoble-Alpes, 2016, p. 66. En ligne : <https://books.openedition.org/ugaeditions/6426> [consulté le 14 juillet 2021].

> une épée et une paire de sandales. […] Thésée décide d'aller à Athènes pour se faire reconnaître d'Égée[22].

Ce qui est notable dans l'épisode cité ci-dessus, c'est l'âge délicat auquel le héros prend conscience de ses origines. Dans le Tarot, le chiffre seize représente le changement, l'hésitation de l'être face à l'inconnu jugé comme instable, mais aussi l'impérieuse nécessité de se réadapter en permanence[23]. Encore adolescent, Thésée devient conscient de la voie à suivre pour se réaliser, voir devenir soi-même, et éprouve en même temps un profond désir de pouvoir et de domination. C'est ainsi qu'il s'embarque immédiatement pour un voyage dont le but est de rejoindre son père, qu'il retrouve à Athènes. Égée reconnaîtra en Thésée son fils, mais, peu de temps après, la curiosité emmène notre héros vers la Crète, afin de vaincre le Minotaure :

> Puis, comme le tribut de sept jeunes gens et de sept jeunes filles payable tous les neuf ans, doit partir pour la Crète et être livré au Minotaure, Thésée se désigne volontairement […]. Au cas où il vaincrait le Minotaure, il promet de mettre, au retour, des voiles blanches à son navire. En Crète il gagne l'amour d'Ariane qui lui fournit une pelote de fil ou une couronne lumineuse pour qu'il trouve son chemin dans le Labyrinthe, demeure du Minotaure[24].

Dans ce fragment, le lecteur se trouve face à un autre chiffre récurent dans le mythe de Thésée : le sept[25]. C'est à l'âge sept ans que le héros donne pour la première fois preuve de son courage indomptable : il essaie de tuer son cousin Héraclès et se montre comme le seul enfant désireux de se jeter dans la lutte avec la peau de lion que ce dernier avait lancée. Le numéro sept marque également le culte d'Apollon, culte qui avait prédit la naissance de Thésée – les cérémonies pratiquées au sein de ce culte, par exemple, étaient toujours célébrées le septième jour du mois. Le numéro sept signifie également la fin d'un cycle et le commencement d'un autre : à 7 ans, le héros sort de l'anonymat, il s'éloigne de l'enfance, marquée par l'ignorance, et démontre son courage devant les autres[26].

---

22 *Ibid.*

23 Voir « Le chiffre 16 dans le Tarot – La Maison Dieu », en ligne : <https://www.le-chariot.com/chiffres-tarot-chiffre-16/> [consulté le 14 juillet 2021].

24 *Dictionnaire des mythes littéraires*, *s. v.* « Thésée », *op. cit.*, p. 1365-1366.

25 Le sept représente, d'ailleurs, l'un des chiffres préférés de Gide, aux côtés des nombres 13, 21 et 43, comme il le signale dans les pages de son *Journal* (*J*, II, p. 900).

26 *Dictionnaire de symboles*, *s. v.* « Thésée », ouvrage publié sous la direction de Jean Chevalier et d'Alain Gheerbrant, Paris, Robert Laffont / Jupiter, 2000.

Mais revenons au moment où Thésée se propose comme volontaire pour faire partie du tribut des sept jeunes filles et sept jeunes hommes qui devaient apaiser le Minotaure. Pour la seconde fois de sa vie, guidé par la force vertigineuse du même chiffre fatidique, le héros sort du cycle des néophytes. Pendant son voyage de retour, il embarque avec la jeune Ariane, comme il le lui avait promis, mais l'abandonne lors d'une escale à Naxos. Les causes de cet acte sont multiples, comme le remarquent les auteurs du *Dictionnaire des symboles* : dans une première version, Thésée aurait pris cette décision en raison de son amour pour Phèdre, sœur d'Ariane ; dans une autre version, ce serait Dionysos – amoureux de la jeune fille et désireux de l'épouser – qui aurait demandé au héros de l'abandonner sur île.

Vers la fin du voyage de retour, Thésée oublie de changer les voiles de son navire et, le croyant mort, son père se jette dans la mer qui portera désormais son nom : la mer Égée. C'est ainsi que le héros mythologique devient roi d'Athènes et se marie avec Phèdre, dont l'adultère cause la mort d'Hippolyte, le fils de Thésée :

> Avec son ami Pirithoos descend aux Enfers dans le but de conquérir, pour Pirithoüs, Perséphone [...]. C'est alors que grandit l'amour de Phèdre pour Hippolyte, le fils que Thésée a eu de la reine des Amazones. Comme il ne lui rend pas cet amour, elle l'accuse au retour de Thésée, d'avoir voulu lui faire violence et Thésée, trompé, provoque la mort de son fils[27].

À la fin de sa vie, le protagoniste apparaît en compagnie du roi Lycomède qui le précipite du haut d'un rocher et provoque sa mort. Les os de Thésée seront ramenés à Athènes par Scyros :

> Accablé, désespérant de retrouver son trône, Thésée se réfugie à Scyros, chez le roi Lycomède qui le tue en le poussant du haut de la falaise. À la bataille de Marathon, les soldats grecs voient le fantôme prodigieux d'un héros se mettre à leur tête ; ils comprennent que c'est Thésée et ses os sont ramenés de Scyros à Athènes[28].

---

27 *Dictionnaire des mythes littéraires*, *s. v.* « Thésée », *op. cit.*, p. 1366.
28 *Ibid.*

PLUTARQUE ET LE MYTHE DE THÉSÉE

Dans le but de proposer une analyse du mythe de Thésée dans ses multiples versions, nous ne pouvons pas faire l'impasse sur Plutarque, qui a été pour un grand nombre de chercheurs un guide essentiel[29]. Selon le philosophe, le destin de Thésée est très similaire à celui de Romulus, les deux héros ayant beaucoup de traits communs[30]. D'abord, tous les deux fondent un État : Romulus est le père de la cité Rome alors que Thésée l'est de celle d'Athènes. Les deux sont des fils illégitimes, avec la réputation d'avoir été conçus par des dieux. Ils sont des guerriers et ne supportent pas la jalousie dans leurs foyers respectifs. On affirme également qu'à la fin de leur vie, Thésée et Romulus ont suscité le désaccord du peuple.

Plutarque nous apprend que, du côté paternel, Thésée est le descendant d'Érechthée, l'un des premiers habitants de l'Attique ; du côté maternel, en revanche, il descend de Pélops, l'un des rois les plus puissants du Péloponnèse. Une des filles de Pélops épouse Pitthée, grand-père de Thésée. Interprétant un oracle, ce dernier arrange plus tard l'union de sa fille Aethra avec Égée, qui ne parvenant pas à avoir d'enfant de sa femme, souhaite s'assurer une descendance. Quand Aethra tombe enceinte, Égée laisse son épée et ses sandales d'or sous un grand rocher, en guise de reconnaissance aux dieux. Pendant de nombreuses années, Aethra cache la véritable origine de son fils et Pitthée fait répandre le bruit que Thésée serait le fils du dieu Poséidon, dieu que les Trézéniens vénéraient et qui était protecteur de leur ville. À l'adolescence, en voyant son courage et son intelligence, Aethra conduit son fils au rocher, lui révèle le secret de sa naissance et lui conseille de prendre la route par la mer pour aller retrouver son père. Mais l'enfant ne suit pas les conseils de sa mère et décide de prendre le chemin d'Athènes, célèbre à l'époque pour être envahie de malfaiteurs. À la suite de cette expérience, il prouve qu'il est un guerrier : il tue Périphétès, Sinis, la bête Phaia, Scyron, Cercyon et Procuste. Arrivé à Athènes, Égée le reconnaît comme son fils[31].

29 Pour une analyse théorique, on peut citer l'étude de Claude Calame (*Poétiques des mythes dans la Grèce antique*, Paris, Hachette, 1986), mais il ne faut pas oublier les recherches portant sur le mythe de Thésée chez André Gide (voir les travaux de Diana-Adriana Lefter, de Patrick Pollard ou de Pierre Renauld).

30 Plutarque, *Vies*, t. I, traduction par R. Flacelière, Paris, Les Belles Lettres, 1993, p. 12-22.

31 *Ibid.*

Contrairement aux *Dictionnaires*, Plutarque suggère au lecteur un possible lien de parenté entre Thésée et Dédale, le créateur du labyrinthe où vit le Minotaure. La mère de ce dernier, Mérope, est la fille d'Érechthée : Dédale serait alors le cousin de Thésée. Concernant le voyage de retour, Ariane accompagne le héros, mais Plutarque nous dit qu'elle meurt de tristesse à cause de l'abandon de Thésée, amoureux d'une autre femme. Dans une autre version de l'histoire, elle se marie avec un prêtre de Dionysos[32]. Dans les deux cas, Thésée continue son voyage sans Ariane et oublie la promesse faite à son père :

> Quand ils furent près de l'Attique, Thésée oublia de laisser la voile qui devait avertir Égée de leur salut. Égée, désespéré, se précipita du haut d'un rocher et se tua. Ce héraut trouva sur son chemin une foule de gens qui se lamentaient sur la mort du roi, mais aussi beaucoup d'autres qui, joyeux de cet heureux retour, comme il était naturel, s'empressaient de lui faire fête et de le couronner[33].

L'État athénien connaît après la mort d'Égée un grand et merveilleux destin, car Thésée réunit tous les peuples en une seule cité. Voulant agrandir son royaume, il fait appel aux hommes qui habitent les territoires voisins en leur offrant la possibilité de vivre dans l'égalité. La société se compose de trois classes distinctes : les nobles, les paysans et les ouvriers.

Par rapport aux *Dictionnaires*, Plutarque met en discussion le rapport de Thésée avec les Amazones et, en particulier, sa relation avec Antiope. Il insiste également sur l'amour qu'il éprouve pour Phèdre, qui deviendra son épouse après la mort d'Antiope :

> D'après l'auteur du poème *La Théséide*, la cause de l'entrée en guerre des Amazones aurait été le mariage de Thésée avec Phèdre et Antiope, avec ses Amazones, aurait attaqué Thésée pour se venger de lui, mais elles auraient été tuées par Héraclès. Ce récit est manifestement une fable, une pure fiction. Thésée n'épousa Phèdre qu'après la mort d'Antiope, dont il avait un fils, Hippolyte[34].

Concernant la mort de Thésée, la version de Plutarque et celle des *Dictionnaires* coïncident : sous prétexte de lui montrer ses possessions,

32 *Ibid.*, p. 28-30.
33 *Ibid.*, p. 30.
34 *Ibid.*, p. 38.

Lycomède « le [mène] au point le plus élevé du pays et le [fait] périr en le précipitant du haut des rochers[35] ».

À partir de cet aperçu, retenons les aspects essentiels du mythe de Thésée : celui-ci est d'abord le tueur de brigands et de monstres ; il traverse le labyrinthe et tue le Minotaure ; il est l'ami de Pirithoüs ainsi que l'amant de plusieurs femmes (Ariane, Phèdre, Antiope ou Hélène) ; il est le souverain respecté d'Athènes jusqu'à sa mort, survenue de la main de Lycomède.

THÉSÉE DANS LA LITTÉRATURE

Dans la littérature grecque, Thésée apparaît dans les chefs-d'œuvre homériques – l'*Iliade*, l'*Odyssée* et la *Théséide* – et demeure également présent dans la tragédie de l'époque classique, chez des auteurs comme Sophocle ou Euripide. L'accent est mis alternativement sur deux aspects du mythe : soit l'attention se focalise sur le rapport entre Thésée et Phèdre, soit c'est le rapport entre le père et le fils, Thésée et Hippolyte, qui prime, dans le souci de montrer comment la passion perturbe la raison. En ce qui concerne les poètes lyriques, citons l'exemple de Bacchylide, contemporain de Pindare. Dans son œuvre, il raconte cet épisode célèbre : Minos défie Thésée de prouver qu'il est bien le fils de Poséidon en jetant son anneau d'or dans la mer ; le jeune homme plonge, rencontre les Néréides, puis Amphitrite, et ressort de l'eau sans être mouillé, couvert en revanche de dons divins. Ce motif apparaît légèrement modifié chez Gide, comme nous aurons l'occasion de le voir plus loin. Pierre Brunel souligne également comment, dans la poésie romaine, le héros vainqueur de monstres n'est plus qu'une ombre qui s'éloigne de l'horizon amoureux d'Ariane[36].

Dans un manuscrit du XIe siècle, il est possible de lire une interprétation chrétienne du mythe : le monde est un labyrinthe dominé par le Minotaure / le Diable, dont est prisonnière l'humanité, jusqu'à ce que Thésée / le Christ vienne la sauver avec l'aide divine d'Ariane. Dans les *Métamorphoses* d'Ovide, le Minotaure devient l'ange révolté, enfermé dans la cage infernale par Dieu, qui envoie dans le monde son fils (ici Thésée) pour sauver les hommes d'un destin malheureux. Thésée

35 *Ibid.*, p. 44.
36 *Dictionnaire des mythes littéraires*, *s. v.* « Thésée », *op. cit.*, p. 1370.

représenterait, dans ce même ordre d'idée, le héros civilisateur – nous citons ici Claude Calame[37], qui reprend la pensée de Florence Braustein et Jean-François Pépin, auteurs des *Grands mythes fondateurs*[38]. Dans cette perspective, Ariane symboliserait chez Ovide le judaïsme aveugle, sot et méchant. Phèdre, de son côté, incarnerait cette gentillesse d'âme sur laquelle Dieu souhaite fonder son Église.

Concernant la littérature profane, Thésée devient petit à petit un personnage indépendant de sa mythologie : au XIIIe siècle, dans *Le Roman de la Rose*, il aime tellement son ami Pirithoüs qu'il va même le chercher aux Enfers. Dante évoque Thésée dans sa *Comédie*, et notamment deux fois dans l'*Enfer*, évoquant sa victoire contre le Minotaure. Aux XIVe et XVe siècles, le héros se définit par son impartialité et sa sagesse, mais apparaît également comme un Don Juan déchiré entre Ariane et Phèdre. De même, dans le théâtre du XVIIIe siècle, ce sont les femmes de sa vie qui occupent le devant de la scène : à titre d'exemple, mentionnons ici le *Dictionnaire abrégé de la Fable* de Chompré (1727), où Thésée est représenté comme l'amant volage d'Ariane et l'époux trompé de Phèdre. Dans *Phèdre* de Racine, pièce publiée un siècle auparavant, le personnage de Thésée s'efface de manière encore plus évidente. Malgré les nombreuses allusions à ses exploits mythiques – sa lutte contre différents monstres, sa descente aux Enfers, etc. –, il est comme absent de sa propre histoire[39].

À la fin du XVIIIe siècle, remarque Pierre Brunel, Thésée est libre et serein après avoir tué le Minotaure, victoire magnifiquement immortalisée par une statue de Giacomo Canova. Ce n'est qu'à partir du début du XXe siècle, en revanche, que le personnage de Thésée sert de point d'ancrage pour une réflexion sur l'idée de liberté. Comme on l'a évoqué, le jeune héros se porte courageusement volontaire pour faire partie du lot de jeunes sacrifiés au Minotaure, il le tue et trahit Ariane. La tonalité de l'histoire est un peu différente dans le *Thésée* de Gide :

> C'est un récit allègre et plein d'humour que le héros destine à l'instruction de son fils Hippolyte. L'évocation des travaux de Thésée et des figures qui s'y rapportent permet de passer en revue la plupart des thèmes gidiens. Une

37 Claude Calame, *Thésée et l'imaginaire athénien, légende et culte en Grèce antique*, Lausanne, Payot, 1996.

38 Voir Florence Braustein, Jean-François Pépin, *Les Grands mythes fondateurs*, Paris, Ellipses / Marketing S.A., 1995.

39 *Dictionnaire des mythes littéraires*, *s. v.* « Thésée », *op. cit.*, p. 1373.

> des questions centrales est celle de la liberté et c'est l'histoire du labyrinthe qui permet de la cerner au plus près[40].

Dans le récit, Dédale est catégorique à ce sujet, souligne encore Pierre Brunel :

> La seule chance qu'ait Thésée de réussir est de s'attacher au fil d'Ariane [...]. Mais de ce fil il faudra aussi savoir se libérer, il faudra « passer outre » selon le conseil de Pirithoüs, deux fois aussi répété par Dédale et repris à son compte par Thésée. La vie du héros athénien selon Gide est exemplaire de cette ambiguë et nécessaire pratique de la liberté[41].

Quelques pages plus loin, le critique revient sur la place particulière qu'occupe Thésée dans *L'Emploi du temps* de Michel Butor : il n'est ici qu'une hypothèse de travail, car le mythe se trouve lié à une réflexion qui porte sur l'écriture. Ainsi, le récit devient pour le narrateur un fil conducteur, à l'image de celui d'Ariane, qui avait conduit Thésée à retrouver le chemin de la réalité[42]. Pour finir cet excursus à travers l'histoire littéraire, citons l'œuvre d'Andrei Lilin, qui reprend les personnages d'Ariane, de Thésée, du Minotaure et de Dionysos pour établir un parallèle avec les quatre figures suivantes : la mère, le grand chasseur, l'animal chassé, le grand animal. L'enlèvement d'Ariane et son abandon sur l'île de Naxos est à mettre en rapport avec l'histoire des personnages de Perséphone et d'Iphigénie[43].

De l'Antiquité aux textes contemporains, en passant par le Moyen-Âge, le mythe de Thésée varie au fil du temps, mais garde trois caractéristiques essentielles qu'il convient ici de rappeler : le héros se trouve toujours partagé entre deux femmes ; il s'affirme comme le vainqueur du Minotaure et par conséquent, il est sans aucun doute responsable de la destruction du labyrinthe. Bien que beaucoup d'aspects demandent encore à être développés, nous pouvons déjà affirmer ceci au sujet de Gide : comme dans les autres cas évoqués, son Thésée est un personnage hybride, que la relecture du mythe grec transforme.

---

40 *Ibid.*, p. 1376.

41 *Ibid.*

42 *Ibid.*, p. 1377.

43 Andrei Lilin, *Mitul marelui vânător*, Timişoara, Facla, 1986, p. 88-89.

AU CARREFOUR DE DEUX MYTHES

ANDRÉ GIDE ET LA RÉÉCRITURE DES MYTHES

Dès ses débuts jusqu'à aujourd'hui, la littérature suit un processus immuable de démythification, qui se déroule en synchronie avec l'Histoire. Siècle après siècle, les écrivains choisissent de réécrire les mythes classiques, chaque époque ayant ses particularités. Et alors que l'écriture et le mythe proprement dit semblent être deux notions antithétiques – vu l'étymologie même du terme mythe, qui renvoie à une création orale et collective –, la re-littérarisation du mythe réalise l'aspiration des écrivains à remonter aux origines. Comme l'observe André Siganos, leur but est de récupérer le(s) mythème(s) du berceau de l'humanité dans l'âge contemporain[1]. Luc Fraisse ajoute, à ce propos, que la mythologie est pour les auteurs « un atelier de recomposition, car les images empruntées au mythe permettent des découpages et des réassemblages, où paradoxalement rien n'est laissé au hasard[2] ». Dans cette démarche innovante, on observe que, au cours du temps, la littérature ne détruit pas les mythes, Bien au contraire, elle contribue à leur survie en les décomposant en mythèmes pour ensuite les recomposer dans une unité ultérieure.

Dans ce contexte, il faut veiller à ne pas confondre les deux concepts de « démythification » et « démystification ». D'après le *Trésor de la langue française*, la démythification représente l'« action de démythifier[3] », de débarrasser un personnage ou une entité abstraite de ses aspects

---

1 André Siganos, « Écriture et mythe : la nostalgie de l'archaïque », dans *Questions de mythocritique. Dictionnaire*, *op. cit.*, p. 111-118.

2 Luc Fraisse, « Les "mythes personnels" d'Apollinaire », dans *MM*, p. 768.

3 *Trésor de la langue française*, *s. v.* « démythifier », en ligne : <http://www.cnrtl.fr/definition/démythifier> [consulté le 14 juillet 2021].

mythiques. Démythifier signifie donc extraire du mythe ce qui appartient au mythe et à la légende, le décomposer en mythèmes. La démystification, en revanche, est définie de manière légèrement différente : « action de détromper », ou encore « action de priver quelque chose de son caractère mystérieux[4] ». En démystifiant, on extrait le mystérieux d'un mythe pour qu'il se dévoile dans sa forme la plus transparente. Si le mystérieux coïncide avec le mythe, grâce à ce processus, on se retrouve face à une paronymie qui tend vers l'homonymie : les deux termes désignent une privation du mythe de ce qu'il a de plus mythique, de plus mystérieux, pour qu'il soit transposable dans la réalité humaine.

Notre objectif est donc de décomposer le mythe choisi et de le recomposer dans une unité ultérieure qui se veut à la fois distincte et complémentaire. Pour mieux contextualiser le sujet, il convient de revenir brièvement sur les premières rencontres de Gide avec la mythologie. À quel moment de sa vie d'auteur a-t-il décidé de s'inspirer du mythe et quelles étaient ses premières réussites ?

DE LA MYTHOLOGIE AU MYTHÈME

Vivant entre deux siècles, témoin des grands changements de son temps, Gide se situe entre le classicisme et la modernité. En ce sens, la réécriture des mythes est l'un de ses procédés d'élection : elle lui permet de concilier ces deux tendances et d'occuper, par une œuvre originale, une place d'exception au sein du XXe siècle. Nous nous pencherons maintenant sur ses œuvres fin-de-siècle, afin d'étudier la technique scripturale de l'auteur et ses premières rencontres avec la littérature grecque, pour ainsi comprendre son usage des mythes.

« André Gide (1869-1951) n'a seulement achevé sa carrière littéraire avec un *Thésée* (1946) heureux de la réussite de sa vie, il a aussi débuté avec un *Traité du Narcisse* (1891) qui est [...] un Narcisse qui dépasse son narcissisme et se veut *artiste*[5] », souligne Peter Schnyder. En effet, dès le

4 *Ibid.*
5 Peter Schnyder, « Métamorphoses du mythe. Réécritures anciennes et modernes des mythes anciens », art. cité, p. 26.

début et jusqu'à la fin de sa carrière, Gide fait souvent recours aux mythes et à la mythologie. C'est dans ce contexte que de nombreux critiques (tels que Paul Archambault ou Robert Kanters) se sont demandé, et avec raison, si l'écrivain n'était pas, lui aussi, un demi-dieu. « Depuis longtemps déjà, M. André Gide a conquis la taille et la place d'un demi-dieu de notre littérature. Sa métamorphose aujourd'hui s'achève. Comme pour Œdipe, comme pour Thésée, comme pour tant de héros qui lui sont chers, voici qu'on se demande s'il a été un homme[6] », écrit Robert Kanters.

Humain ou divin, terrestre ou olympien, Gide découvre ce sentier généreux et prospère alors qu'il est encore très jeune. Son premier contact avec la mythologie remonte, du point de vue chronologique, aux années 1880. Le futur écrivain a dix-huit ans et prépare son baccalauréat à l'École alsacienne. À ce propos, il écrit dans ses Mémoires : « C'est en ce temps que je commençai à découvrir les Grecs, qui eurent sur mon esprit une si décisive influence. » (*SV*, p. 220.) La rencontre de Gide avec le mythe se produit dans des circonstances qui favorisent une amitié pour la vie, comme l'observe Patrick Pollard : « [André Gide] ne cesse pas de renouveler les récits qui nous sont très familiers. Sa pensée change au cours de sa vie depuis le *Narcisse* symboliste de ses premiers essais littéraires jusqu'au *Thésée* testamentaire dont il publie le récit irrévérencieux à la fin de la Deuxième Guerre mondiale[7]. »

C'est ainsi qu'à la suite d'une première rencontre mémorable avec la mythologie grecque, toute une série de personnages – tels que Prométhée, Narcisse, Œdipe, Perséphone, Philoctète ou Thésée –, vient peupler l'univers gidien[8]. Mais puisque l'objectif de ce travail est d'interroger plus particulièrement la réécriture du mythe de Thésée, nous porterons notre regard exclusivement sur ce personnage controversé, qui a tant attiré l'attention de l'auteur qu'il en a fait le héros de son récit testamentaire.

Gide cite le mythe de Thésée pour la première fois en 1897, dans *Les Nourritures terrestres* :

> Ariane, je suis le passager Thésée
> Qui vous abandonne à Bacchus
> Pour pouvoir continuer sa route. (*RR*, I, p. 393.)

---

6 Robert Kanters, « Le demi-dieu », *BAAG*, n° 32, octobre 1976, p. 52.

7 Patrick Pollard, *Gide et le mythe grec…*, *op. cit.*, p. 9.

8 Voir, à ce sujet, *Le Traité du Narcisse* (1891), *Philoctète* (1898), *Le Prométhée mal enchaîné* (1899), *Œdipe* (1931) ou *Perséphone* (1934).

Beaucoup plus tard, dans une entrée du *Journal*, l'auteur annonce son projet d'entamer un récit en hommage à ce grand héros de la mythologie grecque :

> Je songe à une vie de Thésée (oh ! j'y songe depuis longtemps) où se placerait (ce que j'invente seulement aujourd'hui, dans le train qui m'emmène à Cuverville) une rencontre décisive des deux héros, se mesurant l'un à l'autre et éclairant, l'une à la faveur de l'autre, leurs deux vies. (18 janvier 1931, *J*, II, p. 245.)

Bien que le plan demeure quelque peu schématique, le choix de la forme semble déjà arrêté : « Cette vie de Thésée, à laquelle je pensais depuis longtemps... pourquoi pas sous forme de *journal* ?... Et j'imagine aussitôt de quelle ressource... Mais voici vingt ans que j'aurais dû l'écrire. » (24 juillet 1931, *J*, II, p. 295.) Remarquons d'ailleurs que le mythe de Thésée est très présent dans l'œuvre de l'auteur et cela bien avant la rédaction proprement dite. Pierre Lachasse le souligne dans son analyse :

> Thésée est enfin l'amplification de lapidaires hypotextes gidiens semés ici et là dans des textes antérieurs : l'abandon d'Ariane dans *Les Nourritures terrestres*, l'illusion de Pasiphaë dans *Le Prométhée mal enchaîné*, le meurtre d'Égée dans les *Considérations sur la mythologie grecque*, les armes cachées sous le rocher dans *Les Faux-monnayeurs*, etc.[9].

En approfondissant nos recherches, nous constatons que l'écriture elle-même se fait par étapes successives : dans la notice sur *Thésée* – rédigée par Céline Dhérin pour la « Bibliothèque de la Pléiade » –, on peut lire que la première version du récit date de 1912 ; il faudra attendre 1937 pour qu'un premier fragment du texte soit publié[10]. Pourquoi un tel délai entre le moment où l'idée survient et celui où la rédaction commence ? Et pourquoi faut-il encore attendre des années avant la parution du récit ? Pierre Masson suggère qu'il s'agit pour Gide de régler les comptes avec la dure période de son enfance :

> Gide n'avait peut-être pas encore réglé tous ses comptes avec son enfance ; le lien entre la découverte du plaisir et la mort du père était encore vivace, et il faudrait le travail de deuil de *Si le grain ne meurt*, puis l'exorcisme constitué par le personnage de Boris, dans *Les Faux-monnayeurs*, peut-être même la mort de Madeleine, pour que cette histoire puisse se dire en toute sérénité. [...]

---

9 Pierre Lachasse, « *Thésée*, le labyrinthe du récit », *BAAG*, n° 106, avril 1995, p. 227.
10 Céline Dhérin, « Notice », *RR*, II, p. 1365.

Bref, pour réécrire le mythe, il fallait qu'il ait vaincu les dieux des autres et ses propres démons ; mais il fallait aussi qu'il les fasse revivre[11].

Selon le critique, le sujet de l'enfance – que nous allons aborder un peu plus loin dans notre analyse –, semble être en même temps la cause et l'effet, l'alpha et l'oméga de l'écriture gidienne, ayant longuement influencé le parcours littéraire de l'écrivain ainsi que le choix des thématiques à traiter dans son œuvre.

Compte tenu de ces considérations, on pourrait alors se demander : pourquoi Thésée ? Dans le passage du *Journal* déjà cité, Gide avoue qu'il pense en faire le sujet d'un de ses textes depuis au moins une vingtaine d'années. Céline Dhérin souligne une fois de plus son faible pour le héros grec : « Gide a longtemps désiré écrire “une vie de Thésée[12]”. » Mais quels traits de ce personnage mythologique l'ont-ils inspiré ?

On connaît la prédilection de Gide pour la réécriture de la mythologie grecque, ainsi que sa tendance à nourrir ses personnages de ses propres désirs (au moins partiellement). Guidé par ce principe et animé par le désir de donner corps – dans une perspective résolument moderne – à un personnage en quête de liberté, l'auteur se retrouve face à l'immuable silhouette de Thésée. À travers la figure d'un héros qui s'élève perpétuellement au-dessus de toute contrainte, Gide aspire à se libérer lui-même et à dépasser tout préjugé, comme le souligne Jean-Jacques Thierry : « Thésée est le mythe de la maturité ou, si l'on veut, de la sagesse finale gidienne [...]. Il est le mythe du créateur qui survit par sa création. Thésée est exemplaire pour Gide[13]. »

Pour son propre testament, Gide choisit donc un héros vieilli, mais vieilli « sereinement[14] », comme le remarque Armand Hoog. L'écrivain milite en faveur d'un personnage qui, comme lui, a épuisé ses aventures et se trouve maintenant face à la décision de bâtir son œuvre. D'autre part, le Thésée gidien incarne également deux des thématiques privilégiées de l'auteur : celle du héros et celle du bâtard. Pour Gide, le héros n'est pas seulement un être mi-humain et mi-divin, mais par sa fonction exemplaire, il se détache à la fois du reste de l'humanité et des dieux[15]. Il est également

11 Pierre Masson, « *Thésée* entre deux cinquantenaires », *BAAG*, n° 106, avril 1995, p. 198.

12 Céline Dhérin, *op. cit.*, p. 1365.

13 *AG*, p. 33-34.

14 Armand Hoog, « Gide, ou les sexes de l'esprit », *BAAG*, n° 31, juillet 1976, p. 51.

15 Diana-Adriana Lefter, *Du mythe au moi...*, *op. cit.*, p. 28.

un créateur, un fondateur de cité, car bien qu'il soit soumis à « [la] fatalité légendaire, à la malédiction de la race, il essaie de construire soi-même sa destinée[16] ». Par la fondation de son État – construit « pour le bien de l'humanité future » (*RR*, II, p. 1023) –, Thésée dépasse la condition de demi-dieu – il est le fils de Poséidon – et accède au statut de divinité. Il recrée ainsi une micro-« cosmisation[17] », démarche suivie également par Gide dans son projet de réécriture du mythe.

THÉSÉE. QUESTIONS DE GENRE ET DE STRUCTURE

Une fois la thématique choisie, il lui reste à définir le genre et la structure de son texte. Or, il faut souligner que jusqu'en 1919, année où il commence à penser aux *Faux-monnayeurs*, Gide prétend n'avoir jamais écrit de roman, mais uniquement des « récits » et des « soties ». Jusqu'à la fin de sa carrière littéraire, ce sont ces deux genres qu'il affectionne le plus. *Les Faux-monnayeurs* se définit à la fois comme son premier et son dernier roman.

Dans son étude sur les « littératures intimes », Sébastien Hubier s'attache à donner une définition de « récit », et cela en s'appuyant sur les travaux de quelque grand théoricien de la littérature : « [Le terme] désigne tantôt, comme chez G. Genette, la manière dont est racontée une histoire, tantôt, comme chez C. Bremond ou A.-J. Greimas, l'histoire elle-même, tantôt, comme chez R. Barthes, à la fois la diégèse et la narration[18]. » André Lagarde et Laurent Michard étudient, de manière plus spécifique, le sens que ce terme prend chez Gide : le « récit » se caractérise par sa brièveté et par son écriture dépouillée. Il restitue l'évolution d'un drame sentimental ou moral dont le dénouement est dans la plupart des cas déjà accompli (*L'Immoraliste*, *La Porte étroite*). Tantôt le personnage principal s'abandonne à un long monologue devant quelques amis accourus à son appel, tantôt

16 *Id.*, « Le mythe dans le théâtre d'André Gide : *Le Roi Candaule* – un autre mythe du créateur », dans *MM*, p. 522.

17 Nous empruntons le terme à Mircea Eliade dans l'interprétation qu'en propose Diana-Adriana Lefter, *ibid.*

18 Sébastien Hubier, *Littératures intimes. Les expressions du moi, de l'autobiographie à l'autofiction*, Paris, Armand Colin, 2003, p. 20.

il s'impose une relation écrite, accompagnée de « pièces à l'appui » (*La Porte étroite*), ou bien il rédige un journal (*La Symphonie pastorale*).

La composition de la sotie est moins linéaire que celle du récit, et son intention est aussi différente. Le terme puise ses racines dans la dramaturgie de la fin du Moyen-Âge. Chez Gide, il sert à identifier un « récit arbitraire » et volontiers « bouffon », où les thèmes les plus chers à l'auteur – sa méditation sur l'homme et sur sa conduite de vie – sont présentés de manière symbolique[19]. Parmi les soties gidiennes, il faut au moins citer l'exemple du *Prométhée mal enchaîné* (1899).

Mais revenons encore une fois à *Thésée.* Au cours de la Seconde Guerre mondiale, l'écrivain écrit son testament spirituel. Il le termine le 21 mai 1944, mais il le publie seulement en 1946. Au printemps 1943, Gide quitte Tunis pour Alger, où il rédige l'essentiel de son texte. Voici ce qu'il raconte plus tard à sa correspondante Dorothy Bussy au sujet de cette période : « J'ai travaillé et écrit, en mai-juin dernier, dans un état de joie indicible et que je croyais ne plus jamais connaître, un *Thésée* qui me tenait à cœur depuis longtemps et que j'avais à peu près désespéré de mener à bien[20]. »

Ainsi, pendant près de cinquante ans, remarque Gabriel Germain, Gide « a marché derrière Thésée ; pendant une bonne douzaine d'années, il a mûri son projet avec plus de précision[21] ». Céline Dhérin observe de son côté que les nombreuses tentatives d'écriture de ce récit ont été si fréquemment avortées en raison de la recherche d'un « équilibre dans le choix du ton, mais aussi dans le traitement et la sélection des épisodes de la fable[22] ». Le travail de l'écrivain pour *Thésée* se définit par un grand nombre d'hésitations et de changements dans le point de vue à adopter, un choix qu'il a longuement mûri.

On peut observer que la technique d'écriture adoptée par Gide est comparable à celle préconisée par Mallarmé, pour qui le poète est comme un ouvrier sur le chantier. Dans les deux situations, on se retrouve face au même culte de la sueur, mais accompagné, dans le cas de Gide, d'un

---

19 André Lagarde, Laurent Michard (éd.), *Les Grands auteurs français. XXe siècle*, Paris, Bordas, 1965, p. 272.

20 Lettre d'André Gide à Dorothy Bussy, 22 octobre 1944, dans André Gide, Dorothy Bussy, *Correspondance*, t. III : *1937-1951*, édition établie par Jean Lambert, notes de Robert Tedeschi, Paris, Gallimard, 1982, p. 273.

21 Gabriel Germain, « André Gide et les mythes grecs », dans Marcel Arland, Jean Mouton (éd.), *Entretiens sur André Gide. Colloque de Cerisy (septembre 1964)*, Paris, Mouton & Cie, 1967, p. 53.

22 Céline Dhérin, *op. cit.*, p. 1365.

immense désir d'accomplissement. À ce sujet, il écrit dans *Corydon* : « Je n'admets qu'une chose au monde pour ne pas être naturelle : c'est l'œuvre d'art. » (*RR*, II, p. 74.) L'écriture est savamment travaillée, en des conditions que l'on peut qualifier d'austères si l'on considère la période historique où la rédaction se situe. Mais comme l'auteur lui-même le dit, l'effort le met dans un « état de joie » inégalable. Le résultat ? Une réécriture inédite du mythe de Thésée – entamée sous l'effet d'une plume chargée de sueur, de sueur perlée – qu'il s'agit à présent d'étudier.

THÉSÉE DANS LE RÉCIT GIDIEN

Écrit à la première personne du singulier, le *Thésée* gidien est composé de douze chapitres. Le dernier – telle est l'idée que nous nous efforçons ici de démontrer –, se présente comme une synthèse accomplie de l'art poétique de Gide : de manière métaphorique, l'auteur rassemble les principes clés de son esthétique littéraire. Les chapitres sont de longueur à peu près égale. L'ouvrage se déploie sur une centaine de pages seulement, ce qui ne représente pas une faiblesse, mais une force. Robert Kemp est de cette opinion : « M Gide l'a fait petit pour le faire avec soin[23] ». « Un petit livre, mais combien précieux[24] ! », confirme René Laporte, lui-même poète, dramaturge et romancier.

Le récit s'ouvre sur une dédicace à Anne Heurgon, Jacques Heurgon et Jean Amrouche, qui contribue à forger l'horizon d'attente du lecteur :

Je dédie ce dernier écrit à

ANNE HEURGON

tout naturellement,
car c'est grâce à son hospitalité charmante, à ses prévenances constantes,
à ses soins, que j'ai pu le mener à bien.

J'apporte également ici ma reconnaissance à

23 Robert Kemp, « Thésée », *Les Nouvelles Littéraires*, 19 septembre 1946, repris dans *BAAG*, n° 27, juillet 1975, p. 27. Pour le dossier de presse de l'ouvrage, se rapporter aux p. 25-40.

24 René Laporte, « L'aventure et son revers. André Gide : *Thésée* (Gallimard) », *Opéra*, 25 septembre 1946, repris dans *BAAG*, n° 29, janvier 1976, p. 31.

JACQUES HEURGON

et à tous ceux qui, durant un long temps d'exil, me permirent de comprendre tout le prix de l'amitié, et particulièrement à

JEAN AMROUCHE

qui m'encouragea grandement dans un travail que, sans lui, je n'aurais peut-être pas trouvé le cœur d'entreprendre, encore que j'y songeasse depuis longtemps. (*RR*, II, p. 985.)

Avec les titres, les sous-titres, les péritextes, les épitextes ou les épigraphes, la dédicace fait partie de ces « zones indécises[25] » de l'œuvre littéraire dont parle Claude Duchet. Ces paratextes – ou « seuils », comme les appelle Gérard Genette dans son livre éponyme –, ne font partie ni de l'intérieur ni de l'extérieur du livre : ils se situent dans une sorte d'entre-deux. Dans cette perspective, nous constatons que la dédicace sert à « faire l'hommage d'une œuvre à une personne, à un groupe réel ou idéal, ou à quelque entité d'un autre ordre ». Ses origines sont anciennes, elles remontent à l'époque romaine. Toujours selon Genette, « la dédicace d'œuvre [...] affiche une relation, intellectuelle ou privée, réelle ou symbolique[26] ». Gide choisit de mettre en tête de son récit un mot de gratitude envers ceux qui ont rendu possible sa permanence en Afrique du Nord, dont la famille de Jacques et Anne Heurgon, qui l'a chaleureusement accueilli à Alger au printemps 1943, époque où il entame la rédaction de *Thésée*. C'est dans le calme de leur maison, alors que la guerre fait rage en Europe, qu'il se met à sa table de travail, et il le fait, selon Marie-José Fourtanier, dans un état de grand enthousiasme et allégresse[27].

Tout comme son auteur, Thésée commence son histoire par une dédicace à Hippolyte, son fils : il y relate l'expérience de son adolescence, la découverte de sa double ascendance et le désir de connaître le monde. Dans son récit, le protagoniste se montre sincère et raconte en détail la première partie de sa vie, son rapport aux femmes, car,

25 Claude Duchet, « Pour une sociocritique ou variations sur un incipit », *Littérature*, n° 1, 1971, p. 6.

26 Gérard Genette, *Seuils*, Paris, Seuil, 1987, p. 69 et p. 78.

27 Marie-José Fourtanier, « La construction de l'auteur par la mise en scène de figures mythologiques : l'exemple de Gide et de sa réinterprétation du mythe de Thésée », *Modernité*, n° 18 : *L'auteur. Entre biographie et mythographie*, dossier préparé par Brigitte Louichon et Jérôme Roger, Pessac, Presses universitaires de Bordeaux, 2002, p. 92.

comme le confirme René Laporte, « avant d'être philosophe, il [Thésée] a été aventurier[28] ». Ses exploits en la Crète, où il s'engage à libérer la Grèce du tribut qu'elle doit payer au Minotaure, s'étendent sur plusieurs chapitres.

C'est à la cour du roi Minos que le héros fait la connaissance de Dédale (qui lui prodigue des conseils pour vaincre le Minotaure) et d'Icare, son fils, connu pour avoir échoué dans sa tentative de s'évader du labyrinthe. L'architecte occupe une place centrale dans le récit gidien, il est indispensable à son déroulement. On pourrait presque affirmer que sans lui, Thésée n'aurait probablement jamais réussi à devenir ce qu'il est devenu. Dans ce contexte, il faut rappeler que le protagoniste accepte d'abord l'aide de Dédale, et ensuite, celle d'Ariane, qui le guide vers la sortie du labyrinthe. Une fois vaincu le Minotaure, Thésée retourne à sa vie natale. Comme dans le récit mythique, il oublie cependant de remplacer les voiles noires de son navire, ce qui annonce au roi une défaite pour son peuple. Désespéré, Égée se jette dans la mer. Une fois devenu roi, Thésée fonde la cité d'Athènes et réunit les peuples, mais l'échec le poursuit : croyant aveuglément à la parole de Phèdre, qui calomnie son fils, il demande aux dieux de le punir.

Après une longue réflexion, Gide décide de clore son récit sur la rencontre de Thésée avec Œdipe. Il s'imagine ce tableau comme la confrontation bouleversante « du jeune bâtisseur orgueilleux, triomphant avec l'ancien fondateur de l'Empire, vieux, aveugle, errant[29] ». Gide supprime donc le mythème de Lycomède, qui dans le récit mythique provoque la mort de Thésée. Il choisit en revanche d'introduire le personnage d'Œdipe, qui invite le héros à une conversation riche en contradictions, où émergent deux visions différentes du monde. Dans cette rencontre mémorable située à la fin du récit, Gide dépeint l'image d'un héros orgueilleux d'avoir œuvré toute sa vie pour le bien de l'humanité présente et future.

TRADITION OU MODERNITÉ ?

Si Gide fait appel à la mythologie, il le fait pour deux raisons différentes : l'une religieuse et l'autre esthétique. Dans son œuvre, parue au

28 René Laporte, art. cité, p. 32.
29 Roger Martin du Gard, *op. cit.*, p. 136.

sein d'un univers laïcisé, il recrée l'atmosphère des sociétés antiques où le mythe est une loi, une règle. C'est ainsi que même dans les conditions austères de la contemporanéité, le mythe conserve sa valeur de modèle et projette un code comportemental sur le Moi auctorial, observe Diana-Adriana Lefter[30]. En 1937, Louis Martin-Chauffier soutient le même point de vue :

> Gide a beaucoup emprunté à la mythologie grecque. Sa pensée a puisé à cette source fabuleuse, s'y est abreuvée [...]. [Le] penchant de Gide pour les mythes grecs s'explique moins par leur propre valeur mythique que par la matière admirablement « préparée » qu'ils fournissaient à des commentaires ou à des interprétations toutes personnelles et que l'on pourrait dire hétérodoxes[31].

Tournant son regard vers la riche diversité des histoires anciennes, l'écrivain se trouve face à des sujets qui peuvent être (ré)interprétés avec profit dans la modernité contemporaine. Ils fonctionnent pour l'auteur comme des pré-textes, vu que l'objectif suprême n'est pas que la réécriture : Gide souhaite recréer. Tout en s'inspirant de la mythologie, l'auteur en fait son atelier de travail, il s'empare de certains mythèmes qu'il emploie à son gré[32]. De ce fait, on ne peut pas parler de *mimesis* : par le biais de l'intertextualité, il reprend des mythèmes qu'il introduit dans un nouveau décor, marqué de sa touche personnelle. On peut citer dans ce contexte l'exemple de Bernard Profitendieu qui, en révolte contre sa famille, établit une comparaison ponctuelle avec le héros mythologique : « Thésée devait avoir mon âge quand il souleva le rocher. » (*RR*, II, p. 216.)

30 Diana-Adriana Lefter, *Du mythe au moi...*, *op. cit.*, p. 34.

31 « Notice », dans André Gide, *Œuvres complètes*, t. XIII, édition préparée par Louis Martin-Chauffier, Paris, Gallimard, 1937, p. 273.

32 Claude Lévi-Strauss établit un parallèle entre la structure du mythe et celle de la langue. Sur le modèle de phonème, morphème et sémantèmes – étiquettes qui désignent les unités constitutives de la langue –, il crée le néologisme de « mythème » pour décrire « les grosses unités constitutives » du mythe. Pour Strauss, les mythèmes apparaissent au niveau de la phrase, ce qui le conduit à émettre l'hypothèse suivante : « [...] les véritables unités constitutives du mythe ne sont pas les relations isolées, mais des *paquets de relations*, et que c'est seulement sous forme de combinaisons de tels *paquets de relations* que les unités constitutives acquièrent une fonction signifiante » (Claude Lévi-Strauss, *Anthropologie structurale*, Paris, Plon, 1958, p. 234). Le mythème se définit donc comme une partie irréductible du mythe, ou plus particulièrement, comme l'unité minimale à partir de laquelle le mythe lui-même se construit. De ce fait, un mythème n'est jamais isolé, mais il est toujours en relation avec d'autres mythèmes.

D'autre part, signale Diana-Adriana Lefter dans son étude, certains mythèmes sont repris chez Gide dans leur inédite originalité, comme le prouve le tableau ci-dessous :

	Mythème 21	Mythème 22	Mythème 23
Version classique du mythe	Thésée prouve qu'il est le fils de Poséidon	Ariane tombe amoureuse de Thésée	Ariane donne à Thésée le fil
Gide	Thésée prouve qu'il est le fils de Poséidon	Ariane tombe amoureuse de Thésée	Ariane donne à Thésée le fil

FIG. 1 – Table de mythèmes.

À ce propos, dans son étude du mythe de Thésée, Pierre Renauld souligne la présence d'un trait commun au texte de Plutarque et Gide. Il suffit de les regarder l'un après l'autre : trente-cinq pages pour le premier et trente-neuf pour le second (si l'on se réfère à l'édition des *Cahiers de la Pléiade*[33]). Mais un point de rencontre peut également être un point de divergence : au-delà des similitudes d'ordre textuel – sur lesquelles nous allons nous attarder dans ce qui suit –, Pierre Renauld souligne qu'il y a une différence importante au niveau de la structure des deux récits. Bien que leur longueur soit comparable, ils n'insistent en aucun cas sur les mêmes idées : chez Plutarque, il y a un certain équilibre en ce qui concerne les épisodes racontés, ce qui n'est pas le cas chez Gide, qui insiste de manière évidente sur les événements survenus au cours de l'expédition du héros en Crète. Ceux-ci s'étendent sur huit chapitres dans *Thésée* – soit vingt-quatre pages sur trente-neuf –, alors que le philosophe grec y consacre neuf pages seulement. Passons maintenant à l'analyse détaillée des similitudes et des différences entre le mythe traditionnel et le récit de Gide.

L'ENFANCE ET LE DÉPART

Tout d'abord, comme on l'a déjà rapidement évoqué, le texte de Gide s'ouvre sur une dédicace à Hippolyte, son fils perdu. Cela transforme l'*incipit* du récit dans un « commencement par la fin[34] », souligne Gian

33 Pierre Renauld, art. cité, p. 249-250.
34 Gian Luigi Di Bernardini, art. cité, p. 609.

Luigi Di Bernardini. Pourtant, cette tragédie n'entrave pas le projet du héros d'entamer son autobiographie. Elle représente, tout au contraire, le moteur même du récit, surtout en raison du fait qu'elle lui offre l'occasion de raconter sa vie amoureuse, ce qu'il n'aurait jamais fait du vivant de son fils.

Dans une tonalité fervente, le héros gidien expose l'histoire de sa vie, avec une attention particulière aux péripéties de son jeune âge, qu'il juge de grande importance pour son développement ultérieur. Ce qui n'est pas sans rappeler la célèbre phrase que Denis de Rougemont inscrit dans l'avertissement de son *L'Amour et l'Occident* : « J'ai vécu ce livre pendant toute mon adolescence et ma jeunesse[35]. » C'est dans ces moments d'intensité suprême que Thésée a appris à se connaître : il a lutté contre différents monstres et fait des expériences qui l'ont mûri. Le combat contre l'altérité représente l'une des étapes les plus significatives du processus qui le mène à la conquête de son indépendance, comme le remarque Corina-Amelia Georgescu :

> En luttant contre ses ennemis, il affirme sa différence, sa liberté, son indépendance de tout préjugé, de toute règle morale. La liberté [...] s'oppose fondamentalement au code, au préjugé culturel ou de tout autre type[36].

Thésée s'attarde longuement sur ses victoires contre les brigands rencontrés au cours de son voyage vers la Crète :

> C'est donc sur le chemin d'Athènes, par l'isthme du Péloponnèse, que je me mis d'abord à l'épreuve, que je pris connaissance à la fois de la force de mon bras et de mon cœur, en réduisant quelques noirs bandits avérés : Sinnis, Périphétès, Procuste, Géryon. (*RR*, II, p. 991.)

Gide reprend ici le mythe antique. Les noms des bandits font partie des mythèmes transposés fidèlement par l'auteur dans son *Thésée*. Et n'oublions pas les qualités du héros citées dans le passage en question : le courage et la force de son bras. D'ailleurs, bien avant de vaincre les brigands sur le chemin de Trézène à Crète, Thésée s'inscrivait déjà dans le cercle des héros braves et courageux. Il faut se souvenir du fait qu'encore très jeune, il avait soulevé un grand rocher pour chercher les

35 Voir Denis de Rougemont, *L'Amour et l'Occident* [1939], Paris, Plon, 1962.
36 Voir Corina-Amelia Georgescu (éd.), *Language and Literature. European marks of identity*, t. II, Piteşti, Editura Universităţii de Piteşti, 2007, p. 110.

armes cachées par Poséidon. L'épisode avait provoqué, d'une part, le rire d'Égée – « Il riait de voir, par cet entraînement, mes forces s'accroître assez vite » (*RR*, II, p. 989) – et avait contribué, d'autre part, à faire accroître l'ambition de Thésée. L'épreuve n'est d'ailleurs qu'un entraînement pour le jeune homme, qui s'attaque ensuite aux « dalles du seuil du palais » (*RR*, II, p. 989).

De manière générale, nous remarquons que toute la période de la jeunesse volage du héros semble être placée sous le signe de la force physique. Afin de prouver qu'il possède cette qualité, Thésée ne craint pas de se confronter avec des personnalités dont la vigueur est bien connue. Citons ici, à titre d'exemple, l'épisode d'Antiope :

> Reine des Amazones, elle était, pareillement à ses sujettes [...] entraînée à la course, à la lutte, ses muscles étaient fermes et drus autant que ceux de nos athlètes. J'ai lutté contre elle. Dans mes bras, elle se débattait comme une once. Désarmée, elle jouait des griffes et des dents [...]. (*RR*, II, p. 990.)

Connue pour sa rapidité, son intelligence et sa force physique, Antiope avait les muscles fermes, comme les meilleur.e.s athlètes de l'époque. Et pourtant, Thésée affirme ironiquement qu'elle se débattait « comme une once » dans ses bras. Plus loin dans le récit, la force du héros est hyperbolisée, de manière paradoxale, par le silence, voire par l'omission : victorieux du combat contre le Minotaure, il ne considère pas nécessaire de raconter les détails de l'épisode. Ainsi, le lecteur de *Thésée* ne saura jamais ce qui s'est passé après la chute du monstre.

Lors d'une analyse plus minutieuse du récit gidien, on s'aperçoit facilement que tout en reprenant le mythe ancien, Gide en modifie certains aspects. À ce propos, il semble légitime de relire les mêmes événements avec l'objectif, cette fois-ci, de cerner les différences entre le mythe grec et le texte de Gide. C'est ainsi que, dès les premières pages du texte, le lecteur se trouve face à un héros nostalgique, songeant à son enfance « [vécue] dans l'innocence » (*RR*, II, p. 987). C'est le besoin de responsabilité qui met un terme à sa félicité volage : son seul but devient de se montrer digne d'être le fils d'un roi. Dans le récit gidien, c'est à Égée qui revient la tâche de rompre la chaîne qui lit encore son fils à l'enfance : alors que celui-ci atteint ses seize ans, il l'invite à faire preuve de maturité. Or, la mythologie grecque expose les faits de manière différente : Thésée connaît son père après la preuve du rocher, alors qu'il est déjà adolescent. Dans le récit de Gide, comme on vient de le dire, Thésée est accompagné par Égée lors de cette épreuve : le père « [rit] de voir les forces » (*RR*, II, p. 988) de son fils s'accroître.

Dans une autre version du texte – intitulée « Monologue de Thésée » et publiée dans les *Œuvres complètes* – cet épisode est raconté de manière encore différente. Ce n'est pas le besoin de responsabilité qui pousse le héros à l'aventure, mais le désir de voyager. Et il ne se trouvera point en compagnie d'Égée au moment de l'épreuve, mais de Pitthée, son grand-père. D'ailleurs, toujours dans cette ébauche du texte, c'est Pitthée lui-même qui cache les armes, en attendant un signe de maturité de la part de son neveu avant de lui en parler. Et lorsque l'instant arrive, il les lui rend personnellement : « Pitthée vint, me regarda faire un instant puis sourit. – Allons, fougueux Thésée ; voilà qui suffit ; calme-toi. Je t'attendais ici. Te voilà digne de tes armes. Reçois-les de ma main. Celles mêmes que Pélops mon père me donna. » (*RR*, II, p. 1026.)

Tout compte fait, cette étape de la vie de Thésée demande, dans toutes les variantes du mythe, la présence d'une figure masculine. À ce même sujet, une fusion écrivain-personnage est immédiatement identifiable. Sans tomber dans les pièges du biographisme, rappelons brièvement que le père de l'auteur, Paul Gide – professeur de Droit romain à la Faculté de Paris –, meurt lorsque son fils n'a qu'onze ans. Causé par la tuberculose intestinale, le décès de son père, survenu le 28 octobre 1880, pousse le jeune André à renoncer à l'école pour une brève période ; il ne participe même pas à la cérémonie funèbre, décision prise par sa mère. C'est alors qu'il commence à sentir pour son père « une confiante affection que son cœur entretiendra durablement ». Pour sa mère, en revanche, il nourrit « une haine respectueuse[37] ». Devenu écrivain, guidé par un désir profond de changer – au moins sur papier – le parcours de sa vie, il réécrit le mythe en gratifiant son héros de la présence du père, qui acquiert le rôle d'initiateur et de révélateur de la vérité : « Un jour mon père m'a dit que ça ne pouvait pas continuer comme ça », songe le héros, « [...] [parce-]que j'étais son fils et que je devais me montrer digne du trône où lui succéder... » (*RR*, II, p. 987.) La première chose que le père veut enseigner au futur roi est « que l'on n'obtient rien de grand ni de valable, ni de durable sans effort » (*RR*, II, p. 988). Cette devise Gide l'a faite sienne à la fois dans sa vie et dans sa pratique de l'écriture :

37 *AG*, p. 17.

il laisse les années s'écouler, il gagne progressivement en expérience, il écrit et réécrit pour que son œuvre soit grande, valable et durable.

Dans ce même épisode, alors que Thésée s'apprête à prendre conscience de ses origines, on remarque une nouvelle différence entre le mythe « traditionnel » et la réécriture gidienne. Traditionnellement, c'est Égée qui dissimule secrètement son épée et une paire de sandales comme signe de reconnaissance pour son fils. Chez Plutarque, en revanche, c'est Aethra, la mère de Thésée, qui s'en charge. Gide, quant à lui, refuse les deux mythèmes et confère ce rôle à Poséidon, le dieu des mers : « Poséidon [les] avait cachées. » (*RR*, II, p. 988.) À ce propos, Céline Dhérin observe que l'innovation est double : d'une part, l'écrivain abolit la présence féminine ; d'autre part, il rend son personnage libre, « dégagé de toute ascendance, capable de contester toute filiation, tout héritage naturel[38] ». Sans oublier que choisissant d'altérer le mythe, l'auteur fait dépendre la valeur de son héros moins de sa force physique – notable, d'ailleurs, chez tout héros mythique – que sur l'importance du savoir, de l'intelligence : « Les armes – me dit-il [Égée] – importent moins que le bras qui les tient ; le bras importe moins que l'intelligente volonté qui les guide. » (*RR*, II, p. 988.)

C'est la raison pour laquelle, avant de lui dévoiler l'endroit où Poséidon avait caché les armes, Égée confesse que le secret a été gardé le temps nécessaire pour que le jeune accomplisse sa formation. Il a attendu qu'il les mérite (*RR*, II, p. 989), qu'il atteigne l'âge de la maturité tant physique (la force du bras) qu'intellectuelle (la vertu du savoir). Chez Plutarque, en revanche, il n'est jamais question de la valeur éducative de ces objets, comme le remarque justement Pierre Renauld : il s'agit d'une simple épreuve de force physique, vu que le jeune Thésée est invité à se montrer digne de sa filiation royale au moment même où il est capable de soulever tout seul le rocher[39].

De point de vue symbolique, les deux objets ont bien sûr une signification particulière. L'épée représente pour Thésée un instrument de vérité, elle lui sert de motivation définitive pour partir à la recherche de son identité, sur laquelle il se pose depuis longtemps des questions. Quant aux sandales, elles représentent le contact matériel entre la terre et le corps humain : donner les sandales à quelqu'un d'autre signifie

38 Céline Dhérin, « Notice », *RR*, II, p. 1374.
39 Pierre Renauld, art. cité, p. 253.

établir un contact. L'épée et les sandales signifient que le moment est venu pour Thésée de prendre sa place dans le monde, d'agir sur terre. Selon Diana-Adriana Lefter, le dieu Poséidon aurait également caché sous le rocher une couronne et un manteau de pourpre, symboles de perfection et de divinité. La personne qui porte la couronne englobe l'union entre le monde terrestre et le monde divin, mais aussi leur séparation. Elle confère à son porteur la promesse de la vie éternelle. La couronne et le manteau de pourpre seraient ainsi les signes du pouvoir absolu[40]. Le symbole de la couronne apparaîtra également dans le récit de Gide, mais beaucoup plus loin, au moment où le roi Minos met à l'épreuve le jeune Thésée.

POUR UNE AVENTURE EN CRÈTE

Lorsque Thésée arrive en Crète, il se présente devant Minos en tant que fils de Poséidon, protecteur de l'Attique : « Dans ce cas c'est de ce dieu que je tiens mon humeur volage » (*RR*, II, p. 988), avoue le protagoniste. La thématique de la paternité douteuse occupe un rôle de premier plan dans le récit, ce qui était déjà le cas dans *Les Faux-monnayeurs*. Dans les premières pages du roman, le lecteur fait la connaissance du personnage de Bernard Profitendieu. L'adolescent trouve par hasard une lettre qui lui révèle une réalité douloureuse : sa mère a trahi son mari, Albéric Profitendieu, qui est donc son père putatif. Bouleversé par cette découverte, il prend la décision de s'éloigner de sa famille afin de « construire son propre moi[41] ». Ainsi, chez les deux personnages, le motif du voyage fait son apparition de manière presque identique, puisque le père est soit le but soit la cause du départ : si Bernard est mécontent d'avoir été élevé par un faux père, Thésée grandit avec le souhait de faire sa connaissance. Suite à la révélation de ce conflit intérieur, les deux héros gidiens éprouvent un égal besoin de partir à la recherche d'eux-mêmes. Leurs voyages respectifs s'apparentent à une quête identitaire perçue comme essentielle.

D'ailleurs, selon Diana-Adriana Lefter, il y a de nombreuses ressemblances entre Thésée et Bernard Profitendieu, à commencer par le leitmotiv

40 Diana-Adriana Lefter, « Liberté/dépendance dans la découverte du moi ; le voyage et le foyer dans *Thésée* et *Les Faux-monnayeurs* d'André Gide », dans Corina-Amelia Georgescu (éd.), *Language and Literature. European marks of identity*, t. II, *op. cit.*, p. 225.

41 *Ibid.*, p. 108.

du voyage, qui représente une étape incontournable dans leur chemin vers l'âge adulte. Leur destin est scellé par la révélation de leurs origines : si Thésée découvre les armes sous le rocher, Bernard se trouve face à la preuve irréfutable de l'infidélité de sa mère. Ces instants-déclencheurs de l'action engendrent un désir profond d'individualisation, qui passe par la recherche et la formation d'une identité propre. Tant Bernard que Thésée semblent avoir le même âge lors de ce moment fatidique, ce qui est même souligné par le protagoniste des *Faux-monnayeurs* au moment où il se compare avec le héros de la mythologique grecque. Une autre ressemblance entre les deux personnages consiste dans le fait qu'ils figurent parmi les plus célèbres bâtards gidiens. Comme le souligne Diana-Adriana Lefter, le bâtard est typiquement de « nature libre et rebelle, soustraite aux salissures, à l'hypocrisie et aux compromissions[42] ». Chez Thésée, en particulier, cette condition est à l'origine du désir manifesté par le héros de s'affirmer, « y compris par la violence, pour instaurer un nouvel ordre. Pour ce qui est de Bernard, son côté bâtard est illustré surtout par son refus du lien familial et par son goût pour l'errance[43]. »

En poursuivant la lecture du récit gidien, on apprend que Thésée a aimé plusieurs femmes. Il révèle d'abord sa passion pour la reine des Amazones et ensuite celle pour Ariane, Phèdre et Églé. Il avoue pourtant n'avoir jamais éprouvé le désir de s'attacher définitivement à l'une d'entre elles. La seule qui « fut la plus près de l'avoir » (*RR*, II, p. 990) et qui lui a même donné un fils, Hippolyte, aurait été – selon ses propres mots – Antiope.

Un autre point commun entre le mythe antique et la réécriture gidienne est l'amitié que se portent Thésée et Pirithoüs. Plutarque nous apprend les circonstances bien particulières à l'origine de leur attachement : Pirithoüs veut se mesurer avec le fameux Thésée, dont la force et le courage sont devenus célèbres ; c'est pourquoi il décide d'enlever un troupeau de bœufs qui lui appartient ; lorsque Thésée se lance à sa poursuite, il l'attend de pied ferme, mais à peine les deux se rencontrent, renonçant à toute idée de se battre l'un contre l'autre, ils deviennent meilleurs amis[44].

Vers la fin du deuxième chapitre, Thésée achève de parler de la première période de sa vie pour entrer dans le vif de son histoire. Ce

42 *Ibid.*, p. 226.
43 *Ibid.*
44 Plutarque, *op. cit.*, p. 34.

qu'il appelle « aventure » devient pour Gide une preuve d'égotisme. L'auteur choisit de ne pas trop retarder ce moment, de laisser donc peu de place aux « bagatelles préparatoires » (*RR*, II, p. 991). Il laisse de côté des mythèmes, comme la rencontre du héros avec Égée ou la tentative perpétrée par Médée de l'empoisonner. À l'image du héros mythique, le personnage gidien adopte une attitude courageuse : il s'offre volontaire pour faire partie du lot qu'il faut envoyer en Crète pour satisfaire la faim du Minotaure. Intrigué par les protestations du peuple, il n'écoute pas son père, qui tente de le dissuader (*RR*, II, p. 991-992).

Une fois arrivé en Crète, comme dans la mythologie antique, le Thésée gidien est mis à l'épreuve par le roi Minos. Désireux de savoir si le jeune homme est véritablement le fils du dieu Poséidon, il affirme : « Je vous veux conduire à présent, prince Thésée [...] en un endroit au bord de la mer afin de vous soumettre à l'épreuve qui nous révélera si vous êtes authentiquement fils du dieu Poséidon, ainsi que vous le prétendiez d'abord. » (*RR*, II, p. 995.) Thésée est invité à se jeter dans la mer afin de récupérer une bague, symbole de l'éternité, de l'unité et de la liaison. Mais l'anneau représente également un signe de soumission, comme c'est le cas pour Prométhée, qui, libéré par Hercule, doit porter une bague en fer comme signe d'obéissance à Zeus[45]. C'est la raison pour laquelle, en contraste avec le mythe originel, Gide remplace la bague – symbole asservissant – par la couronne : « Je vais, dit le roi, jeter dans le flot ma couronne, pour vous prouver ma confiance que vous me la rapporterez du fond. » (*RR*, II, p. 995.) Thésée doit demeurer libre de toute attache, tel est le souhait de l'écrivain, qui fait le choix d'un objet qui rapproche le monde terrestre du céleste. La couronne est l'apanage des rois et des empereurs : sa présence indique la nature divine et même surhumaine de celui qui la porte. Le nouveau Thésée, qu'on imagine déjà porteur d'une couronne, incarne désormais la force, le pouvoir et la capacité de conduire un peuple. En fin de compte, nous pouvons affirmer que la tiare, conférée aux vainqueurs, est une marque d'initiation, le symbole d'une conquête d'ordre spirituel.

45 *Dicționar de simboluri*, *s. v.* « inel », ouvrage publié sous la direction d'Ivan Evseev, Timişoara, Amarcord, 2001.

LE BAPTÊME DE L'EAU

Comme dans le mythe classique, le Thésée gidien est censé tuer le Minotaure et mettre ainsi un terme au chagrin qui pèse sur les épaules des Athéniens. Mais pour cela, il a besoin de prouver sa force physique – ce qui n'est pas, en revanche, l'objectif du roi Minos, qui défie le jeune homme pour avoir une confirmation de ses origines divines. Il s'agit d'une étape fondamentale du récit sur laquelle il faut encore s'attarder quelques instants. Le roi de Crète demande à Thésée s'il est bien le fils de Poséidon et lui propose de répondre par les faits : il devra plonger dans la mer afin de récupérer dans les profondeurs des eaux une couronne. Remarquons que dans le texte paru chez Gallimard, Gide met l'accent sur la question de la descendance divine du personnage de Thésée de manière plus nette par rapport à la version du récit publiée par Schiffrin[46] :

New York, Pantheon Books	Paris, Gallimard
« [...] si vous êtes authentiquement fils d'un dieu, fils du dieu Poséidon » (p. 35)	« [...] si vous êtes authentiquement fils du dieu Poséidon » (p. 35)

Pour des raisons esthétiques, et non seulement, Gide décide d'enlever la répétition du nom précédé par l'article indéfini – « un dieu » – en faveur d'une forme réduite et non itérative : « fils du dieu Poséidon » (*RR*, II, p. 995). Mais ce choix introduit un changement de sens : l'écrivain valide de manière explicite le fait que Thésée est bien le fils de Poséidon.

Dans ce contexte, il est important de rappeler brièvement l'histoire des relations changeantes que Minos entretient avec Poséidon lui-même. Ce dernier offre un magnifique taureau blanc au roi, en lui demandant de le sacrifier aux dieux. Mais impressionné par sa beauté, Minos décide de garder le taureau pour lui, trompant ainsi Poséidon. Face à la trahison du roi, le dieu des eaux anime le taureau de rage, qui détruit ainsi la Crète. Il fait également en sorte que la femme de Minos, Pasiphaë, tombe amoureuse de la bête et que de leur union naisse le Minotaure. Une guerre se déclare ensuite entre la Crète et Athènes. Vainqueur, Minos impose à ses anciens adversaires l'abominable tribut de sept jeunes gens

---

46 Voir à ce propos, l'analyse proposée par Abs Robert dans son article « Le texte de *Thésée* », *BAAG*, n°s 74-75, avril-juillet 1986, p. 14.

et de sept jeunes filles à fournir chaque neuf ans (ou même chaque année, selon Virgile). Lorsqu'il se trouve face à Thésée, peu intéressé par la force de son bras ou par sa descendance divine en général, Minos cherche à valider *stricto sensu* si le jeune est effectivement fils de Poséidon. Quelle meilleure manière de le faire qu'en choisissant une épreuve apparentée au *regressus ad uterum*, proposant ainsi au héros un retour dans le milieu marin qui l'avait engendré ? L'eau, en tant qu'élément primordial et symbole de la vitalité, sert ici de fil conducteur vers l'image de Poséidon : fils de Chronos et de Rhéa, il est l'un des premiers dieux de l'Olympe, ayant donc participé à la création du monde, aux côtés de ses frères et sœurs Zeus, Hadès, Déméter, Héra et Hestia.

De manière similaire, dans la tradition chrétienne, l'élément primordial est l'eau, déjà présente au moment où Dieu crée la lumière :

> Au commencement, Dieu créa les cieux et la terre. La terre était informe et vide : il y avait des ténèbres à la surface de l'abîme, et l'esprit de Dieu *se mouvait au-dessus des eaux.* Dieu dit : Que la lumière soit ! Et la lumière fut. Dieu vit que la lumière était bonne ; et Dieu sépara la lumière d'avec les ténèbres. Dieu appela la lumière jour, et il appela les ténèbres nuit. Ainsi, il y eut un soir, et il y eut un matin : ce fut le premier jour[47].

Sans toucher à des questions d'exégèse biblique, la citation de la *Genèse* mérite que l'on s'y attarde brièvement. En première instance, on nous informe, Dieu crée les cieux et la terre, Ouranos et Gaïa de la mythologie grecque. Mais il ne s'agit ici que d'un objectif qu'Il se propose pendant que Son esprit se meut au-dessus des eaux. Celles-ci précèdent donc tout acte créateur de la divinité, bien que la notion générique n'existe peut-être pas encore. Intimement liée à la création de la lumière, la séparation de l'immense étendue d'eau est inévitable :

> Dieu dit : *Qu'il y ait une étendue entre les eaux, et qu'elle sépare les eaux d'avec les eaux.* Et Dieu fit l'étendue, et il sépara les eaux qui sont au-dessous de l'étendue d'avec les eaux qui sont au-dessus de l'étendue. Et cela fut ainsi. Dieu appela l'étendue ciel. Ainsi, il y eut un soir, et il y eut un matin : ce fut le second jour. Dieu dit : Que les eaux qui sont au-dessous du ciel se rassemblent en un seul lieu, et que le sec paraisse. Et cela fut ainsi. Dieu appela *le sec terre*, et il appela *l'amas des eaux mers*. Dieu vit que cela était bon[48].

47 *Genèse* 1, 1-5. Nous soulignons.
48 *Genèse* 1, 6-10. Nous soulignons.

Le texte de la *Genèse* n'abonde pas en détails à propos de cette eau primordiale, sauvage, « informe et vide ». Tout ce que l'on connaît se rapporte à « l'amas des eaux mers », ce qui désignera désormais l'eau sous toute forme (rivière, mer et océan). Ces « eaux mers » correspondent au territoire du dieu Poséidon selon la mythologie grecque.

Mais revenons au héros gidien : animé par son égotisme et soutenu par sa ruse, Thésée accepte le défi du roi Minos et plonge dans l'eau afin de prouver qu'il dit le vrai. Plonger dans l'eau signifie également pour lui revenir à l'état primordial des choses, se purifier (fût-ce de manière involontaire). Bien que le récit n'insiste pas sur cet aspect, l'eau demeure, d'après de nombreux critiques, le symbole de la vie, de la purification et de la régénération. La mer dans laquelle plonge le protagoniste du récit représente le nouveau Jourdain, rédempteur des péchés[49]. En effet, comme l'écrit Gaston Bachelard : « On plonge dans l'eau pour renaître rénové[50]. » Pour revenir à la Bible, les psaumes du roi David insistent sur cette qualité de l'eau, même s'il s'agit de quelques gouttes seulement : « Vous m'arroserez avec l'hysope et je serai purifié. Vous me laverez et je deviendrai plus blanc que la neige[51] ». Identifiée directement avec l'hysope, la plus petite plante connue par les Hébreux, l'eau symbolise avant tout le salut divin.

L'isotopie de l'élément aquatique permet de lire le fragment gidien sous la loupe de l'herméneutique religieuse. Thésée met l'accent, dans son récit, sur ce moment décisif où son corps entre en contact avec l'eau : « Donc, ayant pris du souffle, je *plongeai*. Je *plongeai*, dûment entraîné, profondément. » (*RR*, II, p. 996, nous soulignons.) La répétition du verbe au passé simple fait penser à la triple plongée du catéchumène dans les fonts baptismaux. Bien qu'apparemment il ne s'agisse pas de rédemption des péchés dans le cas du héros gidien, l'épisode concernant l'épreuve du roi Minos renvoie, sans aucun doute, à l'idée d'un baptême. Le protagoniste gidien est censé descendre dans les profondeurs de la mer, accomplir sa tâche et renaître. Si la renaissance ne vise pas une

49 Saint Jean-Baptiste, baptisant dans le Jourdain, affirmait : « Moi, je vous baptise d'eau, pour vous amener à la repentance ; mais celui qui vient après moi est plus puissant que moi, et je ne suis pas digne de porter ses souliers. Lui, il vous baptisera du Saint Esprit et de feu. » (Mt, 3-11.)

50 Gaston Bachelard, *L'Eau et les rêves. Essai sur l'imagination de la matière*, Paris, José Corti, 1942, p. 197.

51 *Psaumes* 51 : 9.

purification intérieure, elle change pour toujours l'image du héros aux yeux de ses « spectateurs » : le roi Minos et sa famille.

En dernier lieu, puisque toute œuvre est censée charmer son lecteur – tel que l'affirme Gaston Bachelard –, au-delà de toute question d'ordre mythologique, l'eau possède dans le récit gidien une signification d'ordre esthétique. Selon Bachelard, la vraie poésie, voire l'œuvre d'art parfaite, doit toujours garder une fonction d'éveil[52]. Dans ce cadre, il est clair que Gide choisit pour cet épisode un cadre habité par la présence de Poséidon, personnification de l'eau même. Rappelons, à ce sujet, que du point de vue géographique, la Grèce continentale et ses îles sont baignées par la mer Égée, la mer Ionienne et la Méditerranée. Ce que Gide cherche, c'est une forme d'harmonie artistique. Mais il y a aussi une explication d'ordre mythologique : Aphrodite – mère d'Éros et déesse de la beauté – est née de l'écume des mers. L'eau possède donc également une dimension symbolique féminine, dimension qui englobe également l'idée de maternité ou de maturité sexuelle. « Plus qu'aucun autre élément peut-être, l'eau [...] a un corps, une âme, une voix[53] », note encore Bachelard.

Compte tenu de l'ensemble de ces considérations, nous pouvons affirmer que « l'épreuve de l'eau » à laquelle le Thésée gidien est soumis, représente une étape essentielle de son parcours de formation, commencé le jour où il a soulevé le rocher et retrouvé les armes de son père.

L'ÉPIPHANIE

En descendant dans la mer, Thésée doit témoigner de son identité divine, mais ce voyage-descente prend également une autre signification dans le récit : il s'agit d'une manière de prouver la disponibilité de l'artiste et la sincérité du personnage. Gide démythifie cet événement-baptême, qui est transformé en une occasion de prouver la ruse de son héros. Voici ce qu'il affirme avant de se lancer : « Suis-je un chien, pour rapporter à son maître un objet, fût-ce une couronne ? Laissez-moi plonger sans appât. Je vous rapporterai de ma plongée quoi que ce soit qui l'atteste et la prouve. » (*RR*, II, p. 995.)

Sur ce point, le récit gidien diffère nettement du mythe dans la version de Plutarque, pour qui le héros mythologique rencontre Poséidon

52 Gaston Bachelard, *op. cit.*, p. 24.
53 *Ibid.*

dans les mers. Cette entrevue lui fournit la preuve de sa descendance divine[54]. C'est le dieu des mers qui gratifie le protagoniste des objets qui prouvent ses origines, mythème que Gide modifie profondément. Son personnage témoigne d'une habileté inédite, car, anticipant la situation, il se munit de quelques pierres précieuses qu'il dissimule sous sa ceinture avant de plonger dans les eaux :

> Comme une brise assez forte s'élevait, il advint qu'une longue écharpe fut enlevée des épaules d'Ariane. [...] Aussitôt, me dépouillant du justaucorps qui m'engonçait, je ceignis autour de mes reins cette écharpe, je la passais entre mes cuisses. [...] Il semblait que ce fût par pudeur et pour ne point exposer ma virilité devant ces dames. Mais ce faisant je pus dissimuler la ceinture de cuir que je conservais, à quoi pendait une escarcelle. Dans celle-ci, je n'avais pas de pièces de métal, mais bien quelques pierres de prix, emportées de Grèce, car je savais que ces pierres gardent leur peine valeur n'importe où. (*RR*, II, p. 995-996.)

Plus qu'une preuve de sa descendance divine, par sa plongée dans les abysses, le héros gidien affirme son courage, son intelligence et son habilité. Thésée accepte le défi conscient de la valeur que sa réussite aura dans sa démarche. Il désire satisfaire le roi Minos, mais sans tomber dans le piège que ce dernier lui tend. En détournant le plan de son bourreau, le héros gidien fait preuve d'une bonne maîtrise des mots lorsqu'il dit de manière ferme : « Je vous rapporterai de ma plongée quoi que ce soit qui l'atteste et la [son origine divine] prouve. » (*RR*, II, p. 955.)

C'est dans ce contexte que, à peine quelques instants plus tard, Thésée se présente devant le roi sans la couronne en question, mais avec des cadeaux divins pour la reine et les princesses qui assistent à la scène. Et puisque l'on avance l'idée qu'il s'agit là du baptême du héros, on peut affirmer qu'il se trouve dans un état épiphanique. En plongeant dans les profondeurs de l'eau, il revient à la surface rénové et doué d'une force impressionnante, digne d'admiration : « Remonté sur le bord, je tendis, de mon plus galant, l'onyx à la reine, et à chacune des princesses les chrysoprases, feignant de les ramener du fond, ou plutôt encore, affectant que Poséidon lui-même me les eût tendues afin que je les pusse offrir à ces dames. » (*RR*, II, p. 996.) Ces pierres précieuses sont considérées, de l'Antiquité jusqu'à nos jours, comme raffinées, rares et inestimables,

54 Plutarque, *op. cit.*, p. 35.

conférant, même par cette ruse dissimulée, la preuve nécessaire de la nature divine de Thésée et le témoignage de sa filiation avec Poséidon.

ARIANE ET LA PASSION AMOUREUSE

Suivant de près ces événements, Ariane admire silencieusement le courage de Thésée et s'éprend de lui. Mais assez rapidement elle décide de prendre part à l'action : c'est ainsi qu'elle s'offre de conduire Thésée au labyrinthe avec l'intention de combattre son demi-frère, le Minotaure. D'abord, elle fournit des informations précieuses au héros sur la construction du labyrinthe et le prévient des difficultés que l'on rencontre à en sortir. Elle se met ensuite à sa disposition pour l'aider à réussir dans son propos : tuer le Minotaure.

Dans son analyse du texte gidien – qu'il étudie à la recherche des symboles cachés derrière le mythe –, Robert Kemp voit en Ariane une « conseillère assidue[55] », l'image même du devoir. Mais Ariane, qui est amoureuse, confond le devoir avec la passion, ce qui déclenche chez Thésée une réaction de la même intensité, mais située au pôle opposé. C'est ainsi que face à la sensibilité de cette jeune femme, il réagit avec le même dégoût de Bernard, héros des *Faux-monnayeurs*. Après avoir passé la nuit avec Sarah, celui-ci relate son expérience à Olivier, en affirmant : « […] horrible… […] j'avais envie de cracher, de vomir, de m'arracher la peau, de me tuer. » (*RR*, II, p. 193.) Ce sera avec la même répulsion visible que Thésée racontera son expérience amoureuse avec Ariane : « Sa sensiblerie me devint vite insupportable. Insupportables ses protestations d'amour éternel et les petits noms tendres dont elle m'affublait. » (*RR*, II, p. 1000.)

Pour les deux protagonistes gidiens, ainsi que pour l'auteur lui-même, la chair est méprisable et la passion dégoûtante. Décrivant l'œuvre de Gide, Léon Pierre-Quint souligne : « La passion charnelle est une maladie fatale qui désorganise l'existence[56]. » Puisque l'amour n'est qu'adoration, que désir sans corps, le couple est souvent mis à mal dans les fictions gidiennes : Thésée épouse Phèdre, mais s'en sépare après son adultère ; Michel abandonne Marceline au moment le plus fatidique de sa vie (*L'Immoraliste*) ; Jérôme et Alissa ne connaissent pas

55 Robert Kemp, art. cité, p. 29.
56 Léon Pierre-Quint, *op. cit.*, p. 23.

une fin heureuse à leur histoire d'amour (*La Porte étroite*). Les exemples pourraient se multiplier. Mentionnons dans ce contexte la prédilection de l'écrivain pour la pédérastie, sujet largement traité dans son *Corydon* (1924), un texte sur lequel nous allons revenir plus loin.

Il faut souligner ici qu'aucune allusion à l'homosexualité n'apparaît dans les pages consacrées à la jeunesse de Thésée, qui déclare, au contraire, aimer passionnément les femmes. Il avoue également que son « humeur volage » (*RR*, II, p. 988), il le tient probablement de Poséidon en personne. Dans cette perspective, le mépris du héros pour Ariane ne serait que le résultat de l'impression provoquée sur lui, et cela dès le début, par la sœur de celle-ci, la jeune Phèdre. Mais cette préférence peut également être expliquée d'une autre manière. En effet, Phèdre ressemble de manière étonnante à son frère cadet, Glaucos. Le penché pédéraste du héros serait donc absent du récit parce qu'inavoué. D'ailleurs, par une ironie du sort, ce sera justement en raison d'une similitude physique que Phèdre tombera amoureuse d'Hippolyte : « Que Phèdre put s'éprendre de lui [...] j'aurais dû m'en douter, car il était semblable à moi ; je veux dire semblable à ce que j'étais à son âge. » (*RR*, II, p. 1019.) Malgré tout, Ariane accomplit sa tâche dans le récit gidien de même qu'elle le fait dans le texte de Plutarque. Dès le début, elle croit tenir une place dans le cœur de Thésée, elle est « [son] amante » (*RR*, II, p. 1000). Son amour obsessif représente, de notre point de vue, le moteur même l'action : ce sentiment lui donne le désir et le courage de se joindre au protagoniste dans son entreprise.

DÉDALE ET ICARE

Une fois initié aux secrets du labyrinthe et informé sur les étapes à suivre, Thésée n'a qu'à trouver son chemin à la recherche du Minotaure, épisode qui achève de faire de lui un héros. Ariane le suit de près et contribue de manière décisive au succès de l'entreprise. Persuadé que la seule voie pour libérer son peuple de la tyrannie du Minotaure est de le tuer, Thésée n'écoute pas les suppliques de la reine Pasiphaë. Désespérée à l'idée de perdre son fils, fruit de son union avec le taureau, elle essaie de détourner le jeune héros de son but en lui racontant l'histoire de la naissance du roi Minos, fils de Zeus (métamorphosé en taureau) et de la princesse phénicienne Europe.

Le héros décide ensuite de rencontrer Dédale, qui dans certaines versions du mythe, outre que créateur du labyrinthe destiné à enfermer le Minotaure, serait également le cousin de Thésée. La rencontre entre les deux personnages est d'une importance majeure pour la suite des événements. L'architecte exprime son admiration pour le courage herculéen de Thésée :

> [Ce] que je goûtais en lui [Hercule], comme je goûte en toi, c'est une sorte de dévouement à la tâche, de hardiesse sans recul, et même de témérité qui vous précipite en avant et triomphe de l'adversaire après avoir triomphé de ce que nous avons en chacun de nous de couard. (*RR*, II, p. 1002.)

Dédale expose ensuite l'histoire de sa vie, comment il s'est décidé à construire le labyrinthe et par quels moyens il y est parvenu. Il s'explique également sur les techniques qu'il a employées, prévenant le héros quant aux dangers qu'il court et aux pièges auxquels il doit faire face. Outre la difficulté de trouver le chemin du retour, le héros devra se méfier de la vapeur qui se dégage de certaines herbes semi-narcotiques. Celle-ci a pour effet l'abolition du vouloir et anéantit donc tout désir de sortir du labyrinthe.

L'on peut remarquer ici que le portrait de Thésée peint par Dédale est tout à fait similaire à celui brossé par Égée, dont nous avons déjà eu l'occasion de parler. Les deux reconnaissent l'héroïsme du jeune homme et voient en lui le futur fondateur d'Athènes. Mais Dédale, comme Ariane d'ailleurs, est également sensible au fait que son entreprise aura pour effet la mort du Minotaure, abattu par son bras invincible : « Tu triompheras de lui, j'en suis sûre » (*RR*, II, p. 1000), affirme la fille de Minos, une affirmation que Dédale souscrit, en précisant : « Donc ne t'attarde pas au labyrinthe ni dans les bras d'Ariane, après l'affreux combat dont tu sortiras vainqueur. […] Sans doute triompheras-tu sans peine du Minotaure, car, à le bien prendre, il n'est pas si redoutable que l'on croit. » (*RR*, II, p. 1007-1008.) Ni le Minotaure ni le labyrinthe – comme on le verra bientôt – ne sont effrayants dans le récit gidien. De même, dans *Le Dit d'Ariane*, Jacqueline de Clercq fait du Minotaure un être plutôt inoffensif. À la sortie du labyrinthe, Thésée affirme : « Le croiras-tu, Ariane, le Minotaure s'est à peine défendu[57]. » La simplicité de

57 Jacqueline de Clercq, « Chronique de la réécriture d'un mythe antique par son auteur : *le Dit d'Ariane* », dans *MM*, p. 827.

la tâche, sur laquelle Gide met également l'accent, fait ressortir les qualités homériques de Thésée : pour un personnage de sa taille, la mission de vaincre le Minotaure apparaît « simple comme bonjour » (*RR*, II, p. 1008).

Poursuivant la lecture, on s'aperçoit qu'Éros fait son apparition, finement signalée par la présence d'Icare. Fils de Dédale et de l'esclave Naupacté, il est connu dans la mythologie grecque pour être mort après avoir volé trop près du Soleil. « Icare est mort. Thésée cependant le rencontre[58] », observe Robert Kemp. Immobile face à cette apparition « d'une grande beauté » (*RR*, II, p. 1005), le héros demeure contemplatif :

> Ses cheveux blonds qu'il portait très longs tombaient en boucles sur les épaules. Nu jusqu'à la ceinture, il avait la taille étroitement sanglée dans un corselet de métal. [...] Mes yeux furent attirés par des bottines de cuir blanc qui semblaient indiquer qu'il se préparait à sortir ; mais son esprit seul était en marche. (*RR*, II, p. 1005.)

Ainsi, brossant méticuleusement le portrait de la beauté physique d'Icare, Thésée révèle une certaine attirance pour la pédérastie, inscrite dans les mœurs grecques[59]. En d'autres termes, selon Diana-Adriana Lefter, la fascination pour la beauté masculine représente, dans le cas de Thésée, la première étape de la connaissance du Moi :

> C'est [...] la fascination pour un corps jeune, juvénile même, ce qui fait la preuve de l'existence, chez les Grecs, de toute esthétique morale du corps masculin, d'où la virilité est exempte. [...] La beauté devient ainsi une étape dans la quête du moi et un signe, un signe de reconnaissance[60].

Bouleversé par la présence d'Icare, Thésée suit avec intérêt son monologue, centré sur des sujets tels que l'essence de l'homme, sa

58 Robert Kemp, art. cité, p. 29.

59 Il convient d'ailleurs de noter que l'écriture gidienne a toujours réservé l'adjectif beau au corps masculin, tandis que le corps féminin reste à peine observé. La place de la femme dans l'œuvre de Gide a fait l'objet de différents travaux universitaires. Citons, par exemple, Francine Lanoix, *Le Rôle de la femme dans les œuvres de jeunesse d'André Gide*, mémoire de master, McGill University (Montréal), 1970, et Pérez Ponce Marsha Malone, *La Femme dans l'œuvre d'André Gide*, mémoire de master, University of Arizona (Tucson), 1968. Plus récemment, on peut mentionner le colloque « André Gide et les femmes », qui devait avoir lieu à Québec le 12-13 novembre 2020, ou encore l'ouvrage de Sada Nabeel Abd Ali Al-Bazzar, *La Représentation de la femme chez André Gide. Une étude sur la présence féminine dans l'œuvre de Gide*, Mauritius, Éditions universitaires européennes, 2020.

60 Diana-Adriana Lefter, *Du mythe au moi...*, *op. cit.*, p. 236.

création et la divinité, car, comme l'observe Patrick Pollard, « si Thésée est l'homme réaliste, Dédale et Icare incarnent les problèmes de la vie mystique[61] ». De manière similaire, selon Robert Kanters, si le jeune Icare est encore présent dans le labyrinthe, c'est parce qu'il fait « un numéro de ratiocination philosophique fort réussi[62] ». Après avoir longuement hésité entre le monothéisme et le polythéisme, il reconnaît maintenant poursuivre un seul but dans son existence : « Je ne sais quel est cet attrait qui m'engage ; mais je sais qu'il n'est qu'un terminus unique : c'est Dieu. » (*RR*, II, p. 1006.)

LE FIL ET LA FILIATION

Le huitième chapitre du récit est conçu comme une plaidoirie philosophique où prennent place quelques principes chers à l'auteur. Icare et Dédale se chargent de les exprimer, dirigeant ainsi Thésée sur la voie de la victoire. Ils lui prodiguent de précieux conseils sur le Minotaure et lui fournissent le support nécessaire en vue de trouver la sortie du labyrinthe. L'idée de lier Ariane et Thésée avec le fil est, d'ailleurs, proposée par Dédale : « Reviens à elle, ou c'en est fait de tout le reste, du meilleur. Ce fil sera ton attachement au passé. Reviens à lui. Reviens à toi. Car rien ne part de rien, et c'est sur ton passé, sur ce que tu es à présent, que tout ce que tu seras prend appui. » (*RR*, II, p. 1004.) Fidèle au mythe ancien, Gide reprend dans son texte le symbole du fil conducteur et il en propose également la clé interprétative : « C'est ton attachement au passé » (*RR*, II, p. 1004), constate Dédale. Pour vivre dans le présent et réussir ses objectifs dans l'avenir, il ne faut pas oublier le passé, mais s'y attacher. La morale inscrite dans l'avertissement de l'architecte est celle même que Gide a poursuivie durant toute sa carrière. On constate, d'ailleurs, qu'au soir de sa vie, l'écrivain se laisse souvent aller à des instants de mélancolie. Mais il ne faut pas oublier qu'à plus de soixante-dix ans, il entame une œuvre qui est avant tout à lire comme une promesse d'avenir, une porte ouverte sur le futur.

Quant au symbole du fil, il peut également avoir d'autres significations. Au sens propre, il s'agit d'un fil conducteur, une ligne directrice qu'il faut suivre pour atteindre l'objectif convoité. Il peut aider à trouver

61 Patrick Pollard, *Gide et le mythe grec…*, *op. cit.*, p. 158.
62 Robert Kanters, « Rien qu'un homme », *BAAG*, n° 31, juillet 1976, p. 50.

le bon chemin, ou bien il peut représenter l'attachement à l'autre dans une relation :

> D'une part, il est l'agent qui relie tous les états d'existence au centre principal, figuré par le soleil. Il aide chacun à trouver sa place par rapport à son ascendance et son chemin tout au long du parcours qui conduit de la naissance à la mort[63].

On retrouve cette idée à la fois dans le mythe grec et dans l'œuvre gidienne : Thésée retrouve sa place dans le présent uniquement à l'aide du fil qui le relie au passé. Il doit revenir à Ariane, il est censé se rallier à la matérialité, à la réalité même, et il ne peut le faire autrement qu'en suivant le fil de la sagesse et du devoir. D'autre part, comme le fil le rattache à une femme qui l'aime, il est également « un symbole du lien conjugal[64] », bien que celui-ci soit explicitement repoussé par le héros, qui dès le début du texte, se présente comme quelqu'un incapable de se lier à une femme pour la vie.

Soulignons ici que cette prise de position de Thésée est à mettre en rapport avec la vie de Gide lui-même, qui se définit comme un déraciné, un révolté, refusant les valeurs traditionnelles de la famille. Au cours de son premier voyage en Afrique du Nord, en 1893, il aspire à se libérer des contraintes religieuses imposées par sa mère et à redéfinir ainsi son droit à affirmer l'irréductibilité de son Moi. À ce sujet, Diana-Adriana Lefter observe : « La famille, et surtout la relation maritale homme-femme est réglée par les lois de l'Église, que Gide considère comme oppressantes[65]. »

En tant que catégorie anthropologique, la filiation participe à la définition de notre propre humanité : « Elle signifie qu'il n'y a pas d'humain qui soit la source de lui-même[66] », affirme Jean-Daniel Causse. Refuser la filiation, c'est refuser son existence même. C'est pourquoi toute tentative de dé-filiation est comparable « à une révolte contre le temps[67] ». Or, Thésée ne se situe pas dans ce paradigme d'insoumission extrême : s'il refuse de se lier à une seule femme, il est conscient d'être à la fois le fils

63 Voir « Pourquoi le fil et le soleil ? », en ligne : <http://www.f-i-l.fr/fil_soleil.php> [consulté le 26 août 2021].

64 Céline Dhérin, « Notice », *RR*, II, p. 1372.

65 Diana-Adriana Lefter, *Du mythe au moi…*, *op. cit.*, p. 231-232.

66 Jean-Daniel Causse, *Figures de filiation*, Paris, Le Cerf, 2008, p. 13.

67 *Ibid.*, p. 34.

d'Égée et de Poséidon – une filiation qui est de structure duale, signale Diana-Adriana Lefter, puisqu'il s'agit d'une descendance à la fois divine et terrestre[68]. À cela, s'ajoute le fait que Thésée accepte Hippolyte en tant que fils et le considère comme son seul héritier :

> La preuve que Thésée ne refuse pas totalement l'idée de famille, c'est qu'il accepte la lignée avec ses deux pères et avec son fils Hippolyte. Voilà donc que le héros-bâtard accepte les relations de filiation, vues comme naturelles, mais se place contre le contrat marital. Si Thésée ne veut pas se lier à une femme, soit-elle la mère de son fils, il accepte pourtant Hippolyte[69].

En revanche, Thésée rompt assez facilement le lien qui l'attache à Phèdre. Il se veut de ce point de vue libre de tout engagement, raison pour laquelle il avait refusé les avances d'Ariane : « Je n'ai jamais aimé la demeure, fût-ce au sein des délices, et ne songe qu'à passer outre dès que ternit la nouveauté. » (*RR*, II, p. 1000.) Dans l'intention de l'auteur, et cela apparaît clairement dès le début du texte, Thésée n'est pas destiné à devenir un époux, mais un roi : « La femme, même si c'est la mère de son fils, n'a pas plus d'importance que sa propre mère qui, d'ailleurs, n'apparaît pas dans son histoire[70] », souligne encore Diana-Adriana Lefter. Alors que le jeune André s'oppose instinctivement aux contraintes imposées par sa mère, son Thésée remplace la présence maternelle par celle d'Égée, la figure patriarcale. Cela dit, tenu compte du fait que la présence féminine est loin d'être une constante dans l'œuvre gidienne, on constate que son rôle demeure essentiel dans *Thésée* : il convient de se souvenir, à cet égard, du fil conducteur d'Ariane, sans lequel le héros n'aurait probablement jamais réussi à vaincre le Minotaure et, de manière implicite, à devenir le roi fondateur d'Athènes.

Comme on vient de le voir, le fil d'Ariane représente à la fois l'attachement au passé et le lien conjugal, et cela d'après plusieurs sources. Pour Diana-Adriana Lefter, le fil pourrait cependant avoir une autre signification symbolique : le fil tantrique, qui dans la tradition bouddhiste représente la voie à suivre pour sortir du labyrinthe de l'existence ; il sert également à éclairer les choses, leur origine et leur signification. Il faut considérer qu'il relie les choses entre elles, ce qui

---

68 Diana-Adriana Lefter, *Du mythe au moi…*, *op. cit.*, p. 48.

69 *Ibid.*, p. 231-232. Voir *RR*, II, p. 990 : « C'est de ce chaste, de ce sauvage, que je voulais faire mon héritier. »

70 *Ibid.*, p. 234.

renvoie à la notion de tissage. Et comme le souligne l'auteure, filer et tisser ont toujours été des travaux effectués par les femmes :

> Le mythe des fileuses est celui de la fertilité et de la fécondité, du rêve de création infini. Le fil donne le pouvoir de réaliser les associations d'éléments les plus antithétiques. Le mythe même des fileuses, tel un lieu originaire, mythologique, est le lieu d'engendrement des autres lieux, du renouvellement de la vie. Le fuseau est le symbole de la loi de l'éternel retour, il régule l'ensemble cosmique, la vie et la mort, le sacré et l'humain[71].

Cette interprétation ouvre une perspective intéressante : en suivant le fil d'Ariane, Thésée recrée le monde et lui confère un autre sens. Le héros vainc le Minotaure et, en le tuant, il reconstitue l'ordre existentiel. Il libère les Athéniens du lourd tribut qu'ils ont été contraints pendant longtemps de payer et par la formation d'un seul État unificateur, il apporte le bonheur au peuple.

Mais lorsqu'on parle de filiation, c'est surtout aux liens de sang que l'on se réfère, en général, et aux liens entre le père et le fils, en particulier. Si la paternité d'Égée est assumée au début du récit, elle est censée disparaître pour que le fils accomplisse sa quête et son destin de roi. Sa mère, la seule qui aurait pu le rattacher à une famille, disparaît tout de suite du récit, comme l'observe Céline Dhérin[72]. Finalement, libéré par toute filiation terrestre, il ne reste à Thésée que la paternité divine de Poséidon (fût-elle douteuse). Favorisé par celle-ci, sa liberté sera totale, car il ne devra rendre compte à personne, au moins sur terre.

LE LABYRINTHE

Au chapitre IX, Thésée raconte donc son aventure dans le labyrinthe. Mircea Eliade propose dans son livre *Aspects du mythe* une interprétation intéressante du symbolique et de la valeur de cette expérience. Il signale en effet que dans les mythes, la terre est vue comme une femme et plus précisément encore, comme une Mère. Pour appuyer son propos, il cite les mots du prophète Smohalla, qui se refuse de travailler la terre : « Que je prenne un couteau pour le planter dans le cœur de ma mère[73] ? ». Dans cette perspective, le labyrinthe est considéré comme le corps de la Terre

71 *Ibid.*
72 Céline Dhérin, *op. cit.*, p. 1374.
73 Mircea Eliade, *Aspects du mythe*, *op. cit.*, p. 32 et s.

Mère. L'entrée de Thésée dans le labyrinthe serait alors à lire comme un *regressus ad uterum*, un retour mystique à la mère. C'est le but des rites d'initiation ainsi que des rites funèbres et, selon les investigations de Jackson Knight, ce symbolisme n'a jamais vraiment disparu.

Soulignons ici un autre fait : dans certaines cultures, on avait l'usage autrefois de célébrer les mariages dans les cavernes, ce qui n'est pas sans rapport avec l'image du labyrinthe dans le *Thésée* de Gide. Le personnage ne parvient pas à sortir sans le fil d'Ariane, qui délaisse tout pour l'aider. À travers cette expérience, qui est tout à fait assimilable à un *regressus ad uterum*, le personnage est initié à une autre phase de la vie. Il passe d'un espace protecteur, enfantin, familier, à un espace plein de périls et de preuves, qui vont le mûrir, voire le transformer. Après avoir traversé le labyrinthe, qui est un monde dangereux, Thésée sort de l'adolescence pour devenir un héros digne de monter sur le trône de son père et de conduire les peuples de la Grèce[74].

Les aventures du labyrinthe sont suivies par un épisode auquel aucune variante du mythe grec ne fait référence. Il s'agit d'un dialogue entre Thésée et Ariane, où le héros dévoile les contradictions qui l'habitent. S'il parvient difficilement à s'attacher à une femme pour la vie, et plus généralement, peine à créer ou à garder les liens familiaux, il se déclare amoureux de Phèdre, ce qui le pousse à éloigner Ariane, qui prétend « demeurer maîtresse de [sa] destinée » (*RR*, II, p. 1008).

Gide modifie à nouveau la structure du mythe traditionnel un peu plus loin. Voici le plan de Thésée : « [J']étais résolu [...] à combattre le Minotaure avec la seule vigueur de mon bras. » (*RR*, II, p. 1009.) En tuant le Minotaure sans autre aide que sa propre force physique, le héros gidien veut être un nouvel Hercule et prouver sa grandeur à Dédale. Celui-ci est convaincu du fait que les victoires obtenues par Thésée contre les monstres et les brigands sur le chemin vers la Crète ont un rapport avec les instruments dont il s'était servi dans la lutte (*RR*, II, p. 1009). C'est la raison pour laquelle, arrivé à la fin de son initiation, Thésée renonce volontairement au glaive pour faire face au Minotaure : il désire prouver à Dédale qu'il se trompe, et se mettre ainsi véritablement à l'épreuve. Au début de l'histoire, on l'a dit, le héros découvre les armes de son père cachées sous le rocher. Celles-ci tiennent un rôle important dans ses premiers triomphes. Mais, arrivé à cette étape de sa

74 *Ibid.*

vie, loin de l'adolescence – moment déclencheur de sa quête – et seul face à un immense danger, il se propose de le défier au nom d'un seul et grand objectif : prouver sa capacité à diriger un peuple.

LE MINOTAURE. THÉSÉE ENTRE HOMOSEXUALITÉ ET MISOGYNIE

« Les récits mythiques nous situent le plus souvent dans les espaces extra-terrestres où interviennent généralement des forces ou des personnages surnaturels[75] », écrit Luc Fotsing Fondjo. En effet, dans le texte de Gide comme dans le mythe grec, l'épreuve du labyrinthe équivaut pour Thésée à un voyage dans un espace de transition, endroit où il rencontre ce monstre légendaire : le Minotaure.

En réalité, depuis le début de l'humanité, le monstre a toujours hanté les consciences. Il a pu être représenté par le serpent, avatar du Diable. Sans oublier Béhémoth et Léviathan, deux figures dont l'apparition controversée a généré au fil du temps de nombreuses interprétations. Mais si, dans la religion, la représentation de la monstruosité ne varie pas beaucoup, la mythologie grecque abonde en créations fantastiques. Êtres hybrides ou géants monstrueux s'interposent dans la quête du héros, qui doit les vaincre pour réussir à s'affirmer. Ils sont autant d'obstacles, autant de preuves, sur le chemin du succès.

Ainsi, comme l'écrit Jean Chevalier dans le *Dictionnaire des symboles*, la figure du monstre possède une fonction symbolique, qui est celle même des rites de passage. Selon l'auteur, là où il y a le monstre se trouve aussi le trésor :

> L'arbre de vie est sous la surveillance des griffons ; les filles pomme d'or des Hespérides sous celle du dragon, ainsi que la toison d'or de Colchide, le cratère de Dionysos sous celle des serpents, tous les trésors de diamants et de perles de la terre et des océans sont gardés par des monstres. Toutes les voies de la richesse, de la gloire, de la reconnaissance, du salut, de l'immortalité sont préservées. On ne s'empare que par un acté héroïque[76].

Pour réussir dans sa quête identitaire, le personnage mythologique est censé abattre le monstre, dont la présence est redoutable. Revenant au Minotaure, considérons que la mythologie grecque le représente

75 Luc Fotsing Fondjo, « *Orphée Dafric* : le mythe d'Orphée revisité par Werewere Liking », dans *MM*, p. 676.

76 *Dictionnaire des symboles*, *s. v.* « monstres », *op. cit.*

comme un être hybride, mi-homme et mi-taureau. Comme on l'a dit et comme le souligne également Pierre Brunel dans son *Dictionnaire des mythes littéraires*, Minos aurait demandé à Poséidon un taureau pour qu'il l'aide à récupérer le trône de Crète. Le dieu des mers honore sa part du marché, contrairement à Minos, qui ne sacrifie pas la bête comme il l'avait promis. Poséidon ordonne alors la destruction du pays et rend Pasiphaë amoureuse de l'animal, pour que de leur union naisse le Minotaure, cette créature fabuleuse à tête de taureau et à corps d'homme[77]. Quand Minos découvre l'existence de ce monstre, il propose à l'architecte Dédale de construire un labyrinthe dans le but de l'y enfermer. Mais afin de le nourrir, le roi exige chaque année des Athéniens un tribut de sept jeunes hommes et de sept jeunes filles[78].

Du point de vue étymologique, le terme de « Minotaure » vient du grec « Μινόταυρος » [« Minótauros »], c'est-à-dire le taureau de Minos[79]. Cette créature prend différentes formes dans les multiples versions du mythe classique. En revanche, dans le récit gidien, il se présente exclusivement sous forme d'homme-taureau. La rencontre entre le héros gidien et le monstre est mémorable, car Thésée doit résister à une double tentation : l'odeur des herbes brûlées et la beauté incontestable du Minotaure.

Dans son ouvrage *Le Minotaure et son mythe*, André Siganos s'attarde à étudier la la dualité du monstre, en soulignant son côté humain d'une part et son côté bestial de l'autre. Sa réflexion converge vers cette conclusion : « [...] le taureau s'avère extrêmement viril, mais aussi extrêmement féminin[80] ». Quant au récit gidien, on remarque la même sublimation de l'apparence physique masculine qu'on a pu observer au sujet du personnage d'Icare. Le penchant pédérastique de Thésée émerge ici de manière évidente. À la vue du Minotaure, il constate avec éblouissement : « De plus, il était jeune, et sa jeunesse ajoutait je ne sais quelle charmante grâce à sa beauté. » (*RR*, II, p. 1009.)

Mais l'apparence grandiose du monstre, de même que sa beauté physique, contrastent avec la stupidité de son regard. À l'opposé d'autres créatures monstrueuses, tels l'ogre ou le loup-garou, le Minotaure ressent

77 *Dictionnaire des mythes littéraires*, *s. v.* « Minotaure », *op. cit.*
78 *Dictionnaire de mythologie générale*, *s. v.* « Minotaure », *op. cit.*
79 *Trésor de la langue française*, *s. v.* « Minotaure », en ligne : <https://www.cnrtl.fr/etymologie/Minotaure> [consulté le 26 août 2021].
80 André Siganos, *Le Minotaure et son mythe*, Paris, Presses universitaires de France, 1993, p. 50.

le poids de son épouvantable condition. À ce propos, analysant la réécriture du mythe de Thésée dans la littérature québécoise contemporaine, Nadine Rouquette affirme : « Cette tête animale empêche le Minotaure de penser ou du moins fait que la pulsion le gouverne et non la raison[81]. » Ainsi, lorsque cet être hybride ouvre les yeux, le héros du récit gidien constate : « Je vis alors qu'il était stupide et compris que je devais aller. » (*RR*, II, p. 1010.) Une pointe d'ironie perce dans le passage en question, comme l'observe Diana-Adriana Lefter :

> L'ironie de Gide se fait sentir à propos de la description du Minotaure et surtout pour ce qui est de son côté bovin. [...] Pourtant, Gide suggère avec humour que ce n'est pas du taureau son père que le Minotaure a hérité les caractéristiques bovines, mais que c'est de sa mère. La description de Pasiphaë en est éloquente : *Elle avait les lèvres gourmandes, le nez retroussé, de grands yeux vides, au regard, eût-on dit bovin*[82].

Il ne s'agit plus ici d'une rébellion contre la féminité : le protagoniste affiche un point de vue misogyne. À ce propos, considérons un passage du chapitre IX de l'édition originale de *Thésée* – celle publiée par Schiffrin en mars 1946 –, passage que Gide décide ensuite de supprimer. Il se situe après la rencontre de Thésée avec Dédale : le héros expose à Ariane ce que l'architecte vient de lui dire au sujet du fil qui devra le guider vers la sortie. Dans un premier temps, la jeune femme menace Thésée : s'il ne lui permet pas de l'accompagner à l'intérieur, elle ne va pas l'aider. Après avoir longuement hésité, elle se décide finalement à l'écouter. Voici ce que pense le héros gidien : « Pourtant elle n'accepta le fil, par la suite, que parce qu'elle trouvait le système amusant. C'est toujours la même chose avec les femmes, il faut les prendre comme des enfants. » (*RR*, II, p. 1028.)

D'après Pierre Renauld, l'image de la femme chez Gide relève de la caricature. Surchargée de défauts, elle est fondamentalement inutile au déroulement des faits. Cela vaut, bien que différemment, pour Pasiphaë et Ariane :

> En face de ces hommes, les femmes ne sont que de fort courtes caricatures. Pasiphaë est toute avidité sensuelle et bestiale. Ariane, dont la tradition (une

81 Nadine Rouquette, *Minotaure et labyrinthe, l'indicible et l'invisible : expression du mythe dans la littérature québécoise*, thèse de doctorat, université Bordeaux-Montaigne (Bordeaux), 2016, p. 15-21.

82 Diana-Adriana Lefter, *Du mythe au moi...*, *op. cit.*, p. 251.

tradition qui, littérairement, semble remonter à Catulle et à son « admirable » poème) faisait l'image de l'amante passionnée et fidèle, devient celle de la femme « collante », pleine de sensiblerie et de mauvais goût et, de plus, facile, bref l'incarnation de tous les défauts féminins et surtout, grâce à son fil, de ce qui fait de la femme un obstacle au progrès du conquérant[83].

Dans ce contexte, soulignons que le cas d'Antiope est particulier. Ce n'est pas à cause de son défaut physique que Thésée l'abandonne : « [...] elle était borgne d'un téton [...]. Et peu m'importa, par la suite, qu'elle n'allaitât mon Hippolyte, son fils, que d'un sein. » (*RR*, II, p. 990.) S'il la quitte, c'est parce qu'il est censé atteindre un objectif ambitieux. Le protagoniste gidien est d'ailleurs bien conscient du risque qu'il court chaque fois qu'il se trouve trop proche d'une femme. Dédale lui suggère de ne pas s'attarder « dans les bras d'Ariane » (*RR*, II, p. 1007), sachant bien que « lorsqu'on commence à leur [aux femmes] céder du petit doigt, tout le bras puis le reste y passe » (*RR*, II, p. 1009). De son côté, Thésée constate ceci : « Ainsi sont les femmes dès qu'on cherche à leur faire entendre raison. » (*RR*, II, p. 1014.)

Bien que, dans le récit de Gide, toute idéalisation de la beauté féminine soit bannie, il ne faut pas tirer des conclusions hâtives et transformer *Thésée* en un hymne à la masculinité et à la paternité. En réalité, le héros de Gide ne semble pas privilégier les hommes. Ce qui compte pour lui, c'est l'accomplissement de son objectif, voilà pourquoi il évite à tout prix de s'écarter de la route qui y mène. Tout obstacle sur son chemin, homme ou femme, est à surmonter. Dans ce même ordre d'idées, Éric Marty constate ceci :

> En comparant le fait de garder la voile noire et l'abandon d'Ariane à Naxos, et en plaçant un trait d'égalité entre le meurtre du Père et la substitution de Phèdre à Ariane, Gide montre qu'il ne méconnaît pas la place du désir dans le comportement de Thésée, mais il ne veut voir le désir que sous la forme triomphante et offensive[84].

Thésée veut triompher, et cela au prix d'être considéré un immoraliste, ou encore un misogyne ou même un parricide. Il désire gouverner et pour atteindre un si grand objectif, il est prêt à employer tout moyen.

---

83 Pierre Renauld, art. cité, p. 260.

84 Éric Marty, « Considérations sur la mythologie. Croyance et assentiment », *BAAG*, n°s 78-79, avril-juillet 1988, p. 110.

En définitive, le Thésée de Gide – comme bien d'autres personnages de ses fictions – se propose de ne jamais faire marche arrière face aux diversions qui peuvent le détourner de la réussite finale.

Poursuivant la lecture du chapitre IX, on remarque une autre différence entre le mythe classique et la réécriture gidienne. Dans *Thésée*, le héros ne s'embarque pas tout seul dans cette aventure, mais il se fait accompagner par « treize compagnons et compagnes », dont Pirithoüs (*RR*, II, p. 1009). Lors de son entrée dans le labyrinthe, Thésée les voit dans la première salle, « déjà tout hébétés par les parfums » (*RR*, II, p. 1009). Ce ne sera qu'après avoir tué le Minotaure, et avoir retrouvé la sortie grâce au fil ingénieux d'Ariane, qu'ils réussiront à se libérer.

Dans la suite du chapitre, Gide passe rapidement en revue des mythèmes qu'il reprend de la tradition grecque, en insistant sur ceux qu'il considère comme les plus importants. L'expérience du labyrinthe et l'enlèvement de Phèdre occupent deux chapitres seulement. Le choix a pourtant l'avantage de laisser plus de place à la fiction dans les pages suivantes, où l'auteur s'éloigne de la tradition. À titre d'exemple, soulignons que dans le récit gidien, c'est Pirithoüs qui aide le héros à enlever Phèdre. Comme celle-ci ressemble beaucoup à son frère Glaucos, il suggère à Thésée de tromper le roi : il devra obtenir son accord pour emmener le jeune homme à Athènes avec lui, mais ce sera Phèdre, déguisée, à monter sur le navire. Cette idée peut être facilement mise en pratique – explique l'auteur par la voix de Pirithoüs – en raison du fait que la pédérastie est une pratique courante à la cour de Minos : « [...] tu n'ignores pas que les Crétois sont fort enclins, comme il appert de leur culture. C'est au point que tout adolescent qui atteint la virilité avant d'avoir été choisi par un aîné, prend honte et tient à déshonneur ce mépris. » (*RR*, II, p. 1011.) Et effectivement, le roi ne peut pas refuser la demande du héros, car il ne « saurait rêver meilleur maître et amant [pour son fils] » que Thésée (*RR*, II, p. 1012).

LA TENTATION HOMOSEXUELLE

Afin de mieux dessiner les contours de cette thématique, nous nous proposons de revenir brièvement à ses origines et plus particulièrement à l'enfance de l'écrivain, là où sa personnalité s'est formée. L'éducation puritaine reçue par sa mère le fait grandir dans le mépris de la chair, un péché capital dans le christianisme.

En raison d'une pulsion homosexuelle réprimée jusqu'à l'âge adulte, arrivé au moment où tout (son passé, sa famille, son éducation) lui paraît d'une insupportable laideur, Gide s'embarque pour l'Afrique du Nord à la recherche de sa propre identité. Il y rencontre Oscar Wilde et « se [donne], comme lui, à tous les plaisirs[85] », en rompant pour toujours avec le protestantisme maternel. Après une jeunesse tourmentée par un désir constamment refoulé, l'écrivain cède à l'influence de Bélial, le démon de la pédérastie. Bien plus tard, il dira : « J'ai cessé de lutter contre mon démon. Je ne résiste plus au désir[86]. »

Pour Gide, cette inversion – inscrite dans la tradition hellénique – n'est pas contre nature, il ne s'agit pas d'un vice, au contraire : elle est aussi naturelle que le désir hétérosexuel. Le sujet a d'ailleurs longuement intéressé l'auteur, qui y consacre son *Corydon*, un vrai hymne à la pédérastie[87]. Le texte a été publié dans sa version définitive en 1924, après avoir paru en tirages privés dès 1911. Le long décalage entre le moment de la rédaction et de la publication – ce qui est également le cas de *Thésée* –, est expliqué par l'auteur lui-même, qui craint de causer un chagrin à son épouse. « La préface, datée de novembre 1922, expliquait le retard à la publication par la crainte de peiner sa femme-cousine Madeleine, de "contrister une âme[88]" », écrit Claire Courouve dans un article publié à l'occasion de la réimpression de l'ouvrage chez Gallimard.

C'est probablement la raison pour laquelle la critique gidienne considère l'ouvrage comme une « manifestation première de la maturité engagée de Gide[89] ». Non seulement il soulève un vrai scandale à l'époque, mais il provoque des changements considérables dans la vie

85 Léon Pierre-Quint, *op. cit.*, p. 31.

86 *Ibid.*, p. 38.

87 Voir, à ce sujet, l'étude de Patrick Pollard (*André Gide. Homosexual Moralist*, Newhaven, Yale University Press, 1991) et celle de Katherine Dixon (*L'Homosexualité d'André Gide. Étude historique et critique*, mémoire de master, University of Canterbury [Canterbury], 1962), sans oublier l'ouvrage d'Enrico Guerini, *Confession homosexuelle et réticence dans l'œuvre autobiographique d'André Gide et de Julien Green*, Paris, L'Harmattan, 2018. Parmi les nombreux articles publiés sur ce sujet, citons celui de Philippe Lejeune, « Autobiographie et homosexualité en France au XIXe siècle », *Romantisme*, n° 56 : *Images de soi. Autobiographie et autoportrait au XIXe siècle*, 1987, p. 79-94.

88 Claude Courouve, « Les vicissitudes de *Corydon* » [1991], en ligne sur le site gidiana.net : <http://www.gidiana.net/DOSSIERS_CRITIQUES/CRIT_CORYDON/Courrouve_Corydon3.html#N5> [consulté le 26 août 2021].

89 Daniel Moutote, « *Corydon* en 1918 », *BAAG*, nos 78-79, avril-juillet 1999, p. 22.

relationnelle de l'écrivain, car certains de ses amis décident de rompre avec lui. L'essai – sous-titré « Quatre dialogues socratiques » – plaide en faveur de l'amour masculin. Plus particulièrement, Gide s'efforce de défendre la liberté sexuelle et d'affirmer la normalité de la pédérastie. Dans l'article déjà cité, Claude Courouve écrit :

> Ce petit livre reste, par sa contribution documentée et intelligente à la cause de la « liberté en amour », plus actuel que les productions néo-gauchistes des années 1970-1990. *Corydon* fut bel et bien, me semble-t-il, ce qu'en disait, ironiquement, Paul Valéry, « Un avenant à la Déclaration des Droits de l'Homme[90] ».

À mi-chemin entre œuvre et manifeste, *Corydon* entraîne un épanouissement de la littérature homosexuelle en France, comme l'attestent des études récentes[91]. Parmi les textes les plus connus, on peut citer *Le Livre blanc* de Jean Cocteau (1928), *L'Étoile rose* (1978) ou *Dans la main de l'ange* (1982) de Dominique Fernandez.

D'ailleurs, pour Pamela Genova, le penchant de l'écrivain pour l'homosexualité serait à placer à l'origine même du projet de Thésée : « [Si] Gide s'adresse au mythe grec, c'est pour parler, d'une manière plus ou moins explicite, de son homosexualité[92]. » L'affirmation appelle à être nuancée : lire le choix de l'auteur dans une perspective exclusivement biographique signifie nier la dimension esthétique de son projet. Soulignons en effet que dans *Thésée*, la personnalité du créateur se situe au second plan, car le devant est occupé par la création elle-même, qui se présente à nos yeux comme une synthèse réussie de l'esthétique gidienne.

Mais Diana-Adriana Lefter a bien raison d'affirmer que la mythologie, comme système de valeurs, constitue pour Gide le contrepoids du dogme chrétien que sa mère lui a inculqué depuis son plus jeune âge[93]. C'est pourquoi le thème de la « liberté en amour », que l'auteur développe avec régularité dans ses œuvres, est repris également, de manière voilée,

---

90 Claude Courouve, art. cité, *s. p.*

91 Chahira Abdallah El Sokati, *André Gide au miroir de la critique :* Corydon *entre œuvre et manifeste*, thèse de doctorat, université Paris-Est Créteil (Paris), 2011, p. 218-220.

92 Pamela Genova, *André Gide dans le labyrinthe de la mythotextualité*, West Lafayette, Purdue University Press, 1995, p. x.

93 Diana-Adriana Lefter, « Le héros, au centre du système mythologique gidien », *Language and Literature. European Landmarks of Identity*, nº 13, 2013, p. 306.

dans *Thésée*, où le protagoniste vit dans l'euphorie du libertinage dès l'adolescence jusqu'à l'âge mûr.

Et pourtant, tel que l'on a déjà vu, le Thésée gidien nie, en apparence, ses désirs homosexuels : « Mais, bien que Grec, je ne me sens aucunement porté vers ceux de mon sexe, si jeunes et charmants qu'ils puissent être. » (*RR*, II, p. 1012.) On se retrouve ici face à une contradiction, ou plutôt une dissociation, qui caractérise tant la vie de Gide que son œuvre littéraire. S'il est vrai que cette affirmation contredise les propos de Thésée au sujet d'Icare et du Minotaure, que nous avons déjà cités, elle peut être interprétée comme l'expression d'un être déchiré par l'entre-deux : deux mondes, deux existences, deux sentiments. Le geste trahit la conscience, mais la parole exprime la volonté, qui a le grand pouvoir de changer le monde et la réalité présente.

LE RETOUR

Au chapitre x du récit, Thésée passe en revue les événements postérieurs à son départ de la Crète : le voyage, l'abandon d'Ariane à Naxos et le débarquement en Attique. Gide demeure fidèle à la tradition classique. Le mythème du retour du héros – comme celui de la plongée dans la mer ou de la sortie du labyrinthe – est placé sous le signe de la ruse. C'est un élément de modernité, qui marque le récit gidien. C'est ainsi que, dans la béatitude de sa réussite, Thésée « oublie » de changer les voiles du navire, nous informent les dictionnaires, et voici ce que Gide fait dire à son héros : « J'appris, à mon arrivée sur nos terres, qu'Égée, mon père, de si loin qu'il avait aperçu les voiles noires, ces voiles que j'avais omis de changer, s'était précipité dans la mer. » (*RR*, II, p. 1013.) Mais si dans la légende grecque, l'oubli apparaît tout à fait involontaire, chez André Gide le geste semble être prémédité :

> C'était quelqu'un de très bien, Égée, mon père ; […] J'ai regret d'avoir causé sa mort par un fatal oubli : celui de remplacer par les voiles blanches les voiles noires du bateau qui me ramenait de Crète […]. On ne saurait penser à tout. Mais, à vrai dire, et si je m'interroge, ce que je ne fais jamais volontiers, je ne puis jurer que ce fût vraiment un oubli. Égée m'empêchait, vous dis-je… (*RR*, II, p. 989-990.)

L'écrivain avait déjà insisté sur cet aspect dans ses *Considérations sur la mythologie grecque* : il affirme qu'il ne faut pas voir en Thésée un héros qui a causé la mort de son père par mégarde ; désireux de devenir roi, il aurait tout fait à propos[94].

« Tant que le père existe, le fils n'est qu'un jeune mâle[95] », écrit Sigmund Freud. Il en résulte que le seul fait que le père existe engendre l'ambition de l'abattre, pour ainsi instituer sa propre loi dans l'univers et se reconnaître comme unique successeur de l'espace archétypique. Comme tout héros légendaire, Thésée porte en lui cette fatalité psychologique. À la suite d'un rêve qu'il fait une nuit, il affirme : « J'ajouterai pourtant que j'avais fait un songe, cette dernière nuit, où je me voyais déjà roi d'Attique. » (*RR*, II, p. 1014.) Le héros n'avait d'autre choix que de tuer Égée pour arriver au bout de son initiation, devenir le roi de l'Attique et – d'après les prédictions de Dédale – fonder la cité d'Athènes.

« Le rêve est une seconde vie[96] », annonce l'*incipit* du récit nervalien *Aurélia*. Comme le remarque Pierre Renauld, le Michel de *L'Immoraliste* – vivant dans l'illusion d'une réalité secondaire –, sacrifie la vie de sa femme en raison, paradoxalement, de sa propre soif de vivre[97]. Ainsi, il s'apprête à commettre un geste « quasi parricide[98] », pour citer Zvi Herman Lévi. Dans des conditions similaires, mais en supprimant l'adverbe « quasi », qui exprime ici l'imprécision, Thésée est censé sacrifier la vie de son père afin d'accomplir son rêve prémonitoire. Ou pour mieux dire, il laisse qu'il la sacrifie…

La dualité du personnage de Thésée, dont on vient de parler, demeure une constante du récit. Elle est une nouvelle fois soulignée dans la phrase qui conclut le chapitre : « Allégresse et désolation : il était séant d'entretenir le peuple à la fois dans ces deux sentiments contraires. » (*RR*, II, p. 1014.) L'antonymie des deux notions confirme la difficulté de la tâche que le héros s'est proposé d'accomplir. En même temps, par ces mêmes mots, le héros exprime toute sa satisfaction pour avoir créé un État plus fort, plus prospère, plus grand. En accord avec l'auteur et, implicitement, avec

94 Diana-Adriana Lefter, *Du mythe au moi…*, *op. cit.*, p. 253.

95 Sigmund Freud, *Totem et tabou* [1913], traduction par S. Jankélévitch [1923], Paris, Payot, 1947, p. 149. Le texte est disponible en ligne : <www.anthropomada.com/bibliotheque/Sigmund-FREUD.pdf> [consulté le 26 août 2021].

96 Gérard de Nerval, *Œuvres complètes*, t. III, édition établie, présentée et annotée par Jean Guillaume et Claude Pichois, Paris, Gallimard, « Bibliothèque de la Pléiade », 1993, p. 695.

97 Pierre Renauld, art. cité, p. 261.

98 Zvi Herman Lévy, « André Gide entre Œdipe et Thésée », *French Studies*, n° 1, janvier 1990, p. 37.

son personnage, les habitants du royaume forment une unité ayant hérité des mêmes sentiments contradictoires du héros fondateur.

Quant à l'abandon d'Ariane sur Naxos et à son mariage avec Dionysos, Gide reprend fidèlement le mythe original et la légende de Plutarque. Le héros se laisse aller à un commentaire ironique : « Dionysos vint l'y rejoindre et [...] l'épousa ; ce qui peut être une façon de dire qu'elle se consola dans le vin. » (*RR*, II, p. 1014.) Les événements qui s'enchaînent ensuite – l'enlèvement d'Hélène, la descente aux Enfers du héros avec Pirithoüs et le rapt de Proserpine –, sont aussi en accord avec le mythe classique. Mais contrairement à la mythologie grecque, le Thésée gidien, une fois de retour à Athènes, souhaite honorer la promesse qu'il aurait faite à Phèdre : « J'épousai la femme et la cité tout ensemble. » (*RR*, II, p. 1015.) À ce sujet, Pierre Renauld souligne la métamorphose du héros, arrivé à la fin de sa quête identitaire : « Celui qui, "en fait de femmes, n'a jamais pu se fixer" se fixe : comme il épouse Athènes, il épouse Phèdre et lui reste fidèle [...]. On ne saurait rêver transformation plus complète[99]. »

Thésée se représente en tant que chef responsable. Il se forge une autre personnalité, laissant définitivement derrière lui les aventures de jeunesse, car, pour lui, « il ne s'[agit] plus de conquérir, mais de régner » (*RR*, II, p. 1015). C'est en tant que fondateur et souverain d'Athènes que le protagoniste apparaît pour la première fois devant son peuple et prononce un long discours. Il invite à respecter, comme il se doit, les lois et, en même temps, garantit à ses habitants l'égalité des droits. « Par un partage égal des terres, je supprimai d'un coup les suprématies et les rivalités qu'elles entraînent » (*RR*, II, p. 1015), affirme-t-il, en ajoutant qu'il vivra « sur le même pied que les humbles » (*RR*, II, p. 1016). Le héros plaide pour l'égalité, puisque dans sa vision des choses, un roi n'est pas que le souverain de son peuple : il doit souffrir les mêmes défaites et les mêmes victoires que ses sujets. Son projet est et sera toujours en cours de réalisation. Thésée s'engage à assurer la prospérité économique de son royaume, son développement et l'épanouissement de la vie sociale de ses concitoyens.

La présence de Pirithoüs aux côtés de Thésée après la fondation de l'État constitue un élément de nouveauté par rapport au mythe traditionnel. Si, traditionnellement, ce personnage ne réussit pas à revenir

99 Pierre Renauld, art. cité, p. 250.

des Enfers – où il était descendu avec Thésée pour chercher Hélène –, dans le récit gidien les deux amis se séparent seulement après la fondation d'Athènes : « Pirithoüs cessa [...] dès lors de me suivre » (*RR*, II, p. 1018), confesse le protagoniste. Néanmoins, avant de le quitter, Pirithoüs donne à Thésée un dernier conseil : il lui dit de ne pas faire confiance à Phèdre, dont la trahison est décrite dans le dernier chapitre du récit gidien.

PHÈDRE

Le mythe de Phèdre est une constante source d'inspiration pour les écrivains. On pourrait, à ce sujet, citer la tragédie de Racine, emblème du XVIIe siècle, dont l'intrigue se focalise sur l'amour maternel et sur l'inceste – les deux sont souvent, dans l'œuvre de l'auteur, sources de conflit, elles causent la soumission des personnages et parfois leur perte. Dans le cas de Phèdre, la passion pour Hippolyte, qu'un seul regard suffit à déclencher, mène à une dépossession de soi.

Dans ce contexte, il est important de souligner que, pendant des siècles, l'amour maternel n'a pas trouvé place en littérature. Avant les mots de Jésus-Christ, la femme n'avait pas de voix au sein de la famille, car l'homme avait le pouvoir absolu de juger et de punir. Dans les civilisations grecque et romaine, la femme n'avait dans la famille qu'un statut mineur, peu différent de celui de ses enfants. Au XVIIe siècle, en plein classicisme, les pièces de Racine donnent une image fidèle de la société antique. L'auteur touche le sujet de la dévalorisation de l'enfant, afin que le rapport mère-fils apparaisse, dans ses tragédies, aussi faible qu'il l'était dans la réalité. La mère n'est pas la mère biologique, celle qui est le symbole de l'amour et de la sacralité, mais une belle-mère qui peut changer ses sentiments envers le fils de son époux[100].

Dans l'œuvre de Racine, c'est après avoir absorbé une dose de poison que Phèdre avoue son adultère :

> Tu connais ce fils de l'Amazone [...]
> Je le vis, je rougis, je pâlis à sa vue
> Un trouble s'éleva dans mon âme éperdue[101].

100 Élisabeth Badinter, *L'Amour en plus. Histoire de l'amour maternel du XVIIe siècle au XXe siècle*, Paris, Flammarion, 1980, p. 18.

101 Jean Racine, *Phèdre* [1677], Acte I, scène 3, dans *Théâtre complet*, Paris, Baudelaire, 1966, p. 275.

Quant à Gide, il choisit de ne pas renoncer à ce mythème, qui marque dramatiquement le destin de son héros. Il choisit de le placer après la création de la cité d'Athènes, tout en recourant à une Phèdre muette, reléguée à un rôle secondaire : « [Elle] ne s'exprime que par des rires et ses propos ne sont jamais reproduits dans le récit, ce qui l'oppose nettement à sa mère et à son aînée, dont la logorrhée est un trait de leur personnalité[102] », observe Céline Dhérin.

Mais bien que Phèdre soit verbalement absente du récit gidien, sa trahison a le même impact sur l'existence du protagoniste que dans le mythe traditionnel. Fou de rage à cause de l'infidélité de son épouse, Thésée provoque la mort de son fils Hippolyte. Comme le constate le protagoniste à la fin de sa vie, il s'agit d'une punition infligée par les dieux, jaloux de la prospérité de son royaume : « Je dus payer aux dieux mes succès et ma suffisance. » (*RR*, II, p. 1018.)

Dans le monde il n'y a qu'un créateur, et c'est Dieu seul qui peut – avec Son souffle – donner la vie, écrit Mircea Eliade. C'est la raison pour laquelle, à la base de grands édifices, d'églises et de lieux de culte, on avait autrefois l'habitude de sacrifier une vie humaine ou celle d'un animal jugé pur. Ce n'est que grâce au sang qu'il sacrifie au nom de Dieu que *le créé* peut construire. Il peut donner la vie seulement à l'aide d'une autre vie. L'homme est donc un être *créé* et, en tant que tel, il ne peut pas créer à son tour sans avoir d'abord fait un sacrifice. Mircea Eliade rappelle, dans ce contexte, le cas de Manole, protagoniste de la fameuse balade roumaine *Le Monastère d'Argeş*. La légende raconte l'histoire du maître bâtisseur et de ses efforts pour construire un grand monastère. Pendant la nuit, tout ce qu'il avait fait dans la journée s'écroulait sous ses yeux. La malédiction est brisée lorsque Manole prend la décision (obligée) d'emmurer son épouse Ana. Ce n'est qu'à l'aide de ce sacrifice humain qu'il réussira à construire l'une des plus belles églises roumaines, un chef-d'œuvre architectural du XVIe siècle[103].

Revenons au Thésée de Gide : « [...] nul ne fonde son œuvre sur rien[104] », écrit Pierre Lachasse. Toute création demande un sacrifice, et Thésée n'échappe pas à cette règle : il offre aux dieux le sang de son fils Hippolyte et brise son mariage avec Phèdre.

---

102 Céline Dhérin, *op. cit.*, p. 1373.

103 Voir Mircea Eliade, *Comentarii la legenda Meşterului Manole* [1943], Bucarest, Humanitas, 2004, p. 43-45.

104 Pierre Lachasse, « Le point de vue esthétique », dans *1918 dans l'itinéraire d'André Gide*, actes du colloque de Paris [1988], *BAAG*, n°s 78-79, avril-juillet 1988, p. 103.

CONCLUSION DE LA PREMIÈRE PARTIE

Comme nous l'avons annoncé au début de l'analyse, Gide fait souvent recours dans son œuvre aux mythes classiques. Il convient d'insister ici sur le fait que ce penchant se manifeste de manière encore plus évidente avec l'âge. Il avoue alors de « se [consoler] mal de ne pas savoir le grec[1] ».

Adolescent, il prend connaissance du mythe de Thésée à travers Plutarque, « le seul texte ancien qui pût lui donner l'ensemble de la légende[2] ». Tout naturellement, c'est donc à lui qu'il emprunte, à l'âge de la vieillesse, les éléments qui composent la l'histoire du héros grec. Mais si Gide choisit de consacrer son dernier récit au mythe de Thésée, il ne s'attache pas à la *mimesis*, comme l'on vient de voir tout au long de cette première partie. L'auteur transforme l'histoire de manière originale et il fait de son personnage un héros résolument moderne. En d'autres termes, il se lance dans la « réanimation de l'histoire archaïque[3] » pour y mettre la marque de sa propre empreinte.

Analysant les lectures de Gide – en particulier celles en langue anglaise – Patrick Pollard souligne la dichotomie de l'écrivain, « à la fois contemporain et classique[4] ». Nous partageons son point de vue, car, en définitive, il y a autant de ressemblances que de différences entre le mythe classique et la réécriture gidienne. Réunies, elles constituent la preuve de l'originalité de l'artiste. Ces considérations nous semblent plus généralement s'appliquer à l'esthétique littéraire de l'écrivain : son penchant pour la mythologie grecque débouche sur une remythisation

1 Gabriel Germain, art. cité, p. 44.

2 *Ibid.*, p. 52.

3 Marcin Klik, « Thésée dans le labyrinthe du texte », dans Wiesław Kroker (éd.), *Histoire et critique littéraire en mouvement. Mélanges offerts à Henryk Chudak*, Varsovie, Wyvawnictwa Uniwersytetu Warszawskiego, 2009, p. 238.

4 Patrick Pollard, *Répertoire des lectures d'André Gide*, t. II : *Littérature et culture de langue anglaises*, Londres, Birkbeck College, 2004, p. XII.

des belles lettres. À ce sujet, Céline Dhérin souligne justement que Gide a préféré « se servir de la légende plutôt que de la servir ». Le mythe est donc un moyen et non pas un objectif, car, « le texte trouve son équilibre entre ses sources antiques, son essence mythologique et sa portée moderne[5] ».

Du point de vue esthétique, le moment le plus « gidien » de l'œuvre est la rencontre de Thésée avec Œdipe : à travers ses personnages, l'auteur expose les points forts de son art poétique, comme nous nous efforcerons de le montrer dans ce qui suit. L'étude de cet épisode représente la première étape du parcours que nous nous proposons de suivre pour parvenir à esquisser les quelques principes fondateurs de l'esthétique gidienne, objectif final de notre étude.

5 Céline Dhérin, *op. cit.*, p. 1374-1375.

DEUXIÈME PARTIE

THÉSÉE, SYNTHÈSE DE L'ESTHÉTIQUE GIDIENNE

« Écrire le vieillir, c'est écrire le temps qui passe, celui des métamorphoses, des altérations[1] », note Alain Montandon. À travers le temps, les écrivains de tous les siècles ont versé de l'encre pour parler de ce sujet tabou, sinistre et angoissant à la fois : la mort. Et puisqu'« il n'y a pas de vieillesse heureuse[2] », plusieurs auteurs proposent une vision catastrophique de ce moment incontournable de la vie humaine. C'est dans ce contexte que Montandon cite le *Journal* de Gide, texte qui fait de la dégradation humaine un thème récurrent. L'auteur y parle d'abord d'une déchéance extérieure, percevable au niveau de l'apparence physique :

> J'y vois moins bien et mes yeux se fatiguent plus vite. J'entends également moins bien. Je me dis qu'il n'est sans doute pas mauvais que s'écarte ainsi de nous, progressivement, une terre qu'on aurait sinon trop de mal à quitter – qu'on aurait trop de mal à quitter tout d'un coup. (28 juin 1937, *J*, II, p. 559.)

La vue et l'ouïe, la dégradation du physique donc, sont suivies de près par un déclin psychologique, remarque l'écrivain : « Une fatigue telle que je renonce à rien exiger de moi et ne puis que me laisser aller vivre, comme je m'abandonnerais à la mort. » (14 septembre 1928, *J*, II, p. 89.)

L'affaiblissement des pouvoirs physiques, la fatigue et la déchéance engendrent également un déséquilibre intérieur, en conséquence du *memento mori* qui pèse sur les épaules de tout être humain. Et s'il résonne sans cesse, comme un refrain dont il est impossible de se débarrasser, on n'a qu'à faire un choix : user de la force thérapeutique de la plume ou vivre avec « la crainte de devenir fou[3] », comme le souligne Georges Bataille. Dans des conditions similaires, à l'aube de sa carrière littéraire, le romancier angevin Hervé Bazin avoue se trouver face au grand choix de sa vie : « Écrire des livres ou confier son âme à un psychanalyste[4] ». Il penche en faveur de la première option, ce que fait Gide également, en s'acheminant dès sa jeunesse sur la voie sinueuse des lettres.

1 Alain Montandon (éd.), *Écrire le vieillir*, Clermont-Ferrand, Presses universitaires Blaise Pascal, 2005, p. 7.

2 *Ibid.*

3 Georges Bataille, *Sur Nietzsche* [1945], Paris, Gallimard, 1967, p. 9.

4 Danielle Hunebelle, « Interview avec Hervé Bazin. "Nous sommes tous des pères adoptifs" », *Elle*, 4 août 1961, p. 68.

Écrire est donc le seul moyen de remplir un vide ou de guérir d'un trauma. Dans l'acte scriptural, l'être peut véritablement s'accomplir. Une fois empruntée cette voie, il reste à décider de l'objet de l'écriture. S'éloigner de la mort par le biais de la fiction ou se maintenir dans son immédiate proximité ? À ce sujet, Gide écrit dans son *Journal* à la date du 29 juillet 1941 : « La fin de la vie… Dernier acte un peu languissant ; des rappels du passé ; des redites. On voudrait quelque rebondissement inattendu et l'on ne sait quoi inventer. » (*J*, II, p. 775.) C'est ainsi qu'à l'âge de la vieillesse et emprisonné dans l'angoisse d'une temporalité inéluctable, l'auteur décide de jouer, une fois de plus, avec la mythopoïétique, la seule dimension qui peut lui offrir une place dans le paradigme de l'immortalité. Et face à l'infinité de prédictions possibles, l'auteur de *Thésée* fait son choix : un récit testamentaire dont la structure vise la réalisation d'un double objectif – la recherche de l'absolu d'une part et le couronnement artistique de l'autre.

Dans cette perspective, *Thésée* peut être considéré non seulement comme l'œuvre ultime de l'écrivain, le terme de sa carrière, mais aussi, d'un point de vue esthétique, comme la synthèse des techniques narratives et des méthodes d'écriture qui lui sont propres. Ainsi, par son gidisme, *Thésée* est assimilable à un art poétique. Sur le modèle de Boileau, Horace ou Aristote, la finalité de l'auteur est de produire de la beauté.

Et puisque « l'écriture *de soi* est intimement liée à l'écriture *des autres*[5] », dans le dernier chapitre de son récit, Gide fait rencontrer Œdipe et Thésée, deux figures mythiques en antinomie. Ils représentent respectivement le passé et l'avenir, la tradition et la modernité. Par le biais de ces personnages, l'écrivain expose sa propre vision de la littérature, de la mission de l'auteur et de l'art qui définit sa création. À partir de ces considérations, cette deuxième partie se propose d'abord d'expliquer les raisons à l'origine du choix de Gide de réunir Œdipe et Thésée dans la même œuvre. Il s'agira ensuite de montrer comment cette rencontre inédite transforme le récit entier en un art poétique. S'appuyant sur l'analyse conduite dans les pages précédentes, nous souhaitons ainsi revenir sur les derniers chapitres de *Thésée* pour contribuer à donner une définition de l'esthétique gidienne. Le discours s'articulera autour de trois notions fondamentales : l'égotisme, la sincérité et la disponibilité.

5 Jean-Yves Tadié, Blanche Cerquiglini (éd.), *Le Roman d'hier à demain*, Paris, Gallimard, 2012, p. 365.

L'ART POÉTIQUE

LES PERSONNAGES. CONTEXTUALISATION

Source inépuisable d'inspiration et porte ouverte à l'imagination, la mythologie est l'un des sujets privilégiés de Gide. Sa prédisposition pour la réécriture des mythes est indéniable. Inutile de revenir sur le sujet, auquel nous avons consacré la première partie du présent travail. Il convient néanmoins de s'interroger à présent sur les dernières pages du récit, où Œdipe fait son apparition. Il s'agit d'un choix stratégique sur lequel il est intéressant de s'attarder.

Dans une étude portant sur *Œdipe*, Pierre Lachasse observe que Gide s'intéresse au héros grec depuis sa jeunesse[1]. À ce propos, il cite un extrait des *Feuillets* : nous sommes en 1900 et s'exprimant au sujet de « la grande inquiétude maladive des héros antiques » (*J*, I, p. 301), l'écrivain place Œdipe à côté de Macbeth. Trente ans plus tard, fasciné par la personnalité de ce personnage mythologique, il choisit de lui dédier tout un ouvrage. Le drame intitulé Œdipe, en trois actes, paraît dans la revue *Commerce* à partir de 1930, soit dix ans après qu'il en a mûri le projet.

De manière plus générale, on peut constater que le mythe d'Œdipe a inspiré bien d'écrivains à travers les siècles. Il suffit de citer ici les noms de Pierre Corneille et de Voltaire, dont les œuvres ont été représentées pour la première fois respéctivement en 1659 (au milieu du siècle classique) et en 1718. Dans les deux cas, la mythologie grecque est respectée en ce qui concerne les événements-clés. Œdipe est le fils de Laïos et de Jocaste, souverains de Thèbes. Après avoir consulté l'oracle de Delphes, ceux-ci apprennent que leur fils est destiné à tuer son père et à épouser

1 Pierre Lachasse, « *Œdipe* d'André Gide ou le mythe renouvelé », *BAAG*, n° 53, janvier 1982, p. 5.

sa mère. Ils décident alors de l'abandonner sur le Mont Cithéron en lui attachant une corde aux pieds ou bien, d'après d'autres sources, en lui perçant les pieds avec un clou. Cette dernière version expliquerait l'étymologie populaire du nom : Œdipe signifie « pieds enflés » et par extension, « le boiteux[2] ». Dans *L'Oracle de Delphes*, Marie Delcourt explique qu'il est possible que dans la légende originaire Œdipe ait les pieds difformes dès sa naissance, et c'est précisément cette difformité qu'il faut placer à l'origine de l'oracle maudit[3].

Abandonné dans la forêt, l'enfant est sauvé par un couple de bergers qui le confient à Polybe, le roi de Corinthe. Celui-ci s'attache au petit et l'élève comme son propre fils sans jamais lui révéler le secret de ses origines. Mais l'ironie du sort fait qu'Œdipe, devenu adolescent, consulte à son tour l'oracle de Delphes, qui lui révèle la malédiction dont il est victime : tuer son propre père et épouser sa mère. Il décide alors de s'éloigner de celle qu'il jugeait être sa famille et quitte Corinthe sans but précis. Désirant échapper à la fatalité, Œdipe se jette dans ses bras, car chaque pas qui l'éloigne de Corinthe le rapproche un peu plus de son vrai père. La prévision de l'oracle se réalise : au cours de son errance, Œdipe rencontre un homme avec ses serviteurs et le tue ; il croit avoir pris le dessus sur le chef d'une bande de voleurs, mais en réalité, sans le savoir, il a assassiné son père.

Peu après, lorsqu'il arrive à Thèbes, le jeune homme se trouve confronté au Sphinx, qui assiège la ville. Celui-ci lui pose une énigme : « Qu'est-ce qui marche à quatre pattes le matin, à deux le midi et à trois le soir[4] ? » Œdipe répond correctement : « C'est l'Homme – enfant à quatre pattes, adulte sur ses deux jambes ; vieillard avec trois, devant s'aider d'un bâton[5]. » Pour le remercier d'avoir débarrassé le pays du Sphinx, les habitants de Thèbes le proclament roi et lui offrent la main de la reine, qui est veuve. Le couple vit de nombreuses années dans le bonheur et dans l'ignorance (ni Œdipe ni Jocaste connaissent

2 *Dictionnaire de mythologie générale*, *s. v.* « *Œdipe* », *op. cit.*

3 Marie Delcourt, *L'Oracle de Delphes*, Paris, Payot, 1955, p. 56. Dans la société patriarcale, les enfants nés avec des malformations étaient considérés comme maléfiques et étaient éloignés de la communauté. Cette coutume n'est pas perdue, car on peut encore la retrouver dans le comportement des Spartiates devant les nouveau-nés estropiés (*ibid.*).

4 Édouard Delruelle, *Métamorphoses du sujet. L'éthique philosophique de Socrate à Foucault* [2004], Bruxelles, Boeck, 2006, p. 22.

5 *Ibid.*

la vérité). Quatre enfants naissent de leur union : Étéocle, Polynice, Antigone et Ismène.

Leur félicité dure jusqu'au moment où la peste contamine la ville de Thèbes. L'oracle de Delphes, consulté encore une fois par Œdipe, prédit que la maladie ne disparaîtra qu'au moment où le tueur de Laïos sera dénoncé. En cherchant le meurtrier, le roi ne tarde pas à se rendre compte que c'est lui le responsable de la ruine de son propre peuple : il avait donc tué son père et épousé sa mère, comme l'oracle l'avait annoncé. En apprenant la nouvelle, Jocaste se pend de désespoir[6]. Quant à Œdipe, il se crève les yeux. Dans la vision morale de la Grèce antique, il est coupable d'avoir tué son père, crime qui souille la cité entière. Quelques années plus tard, il est chassé de Thèbes et c'est à ce moment de sa vie qu'il rencontre Thésée à Colone.

UNE CONVERSATION – ART POÉTIQUE

En 1930, Gide avait fait d'Œdipe un vrai « maître de l'humanisme[7] », en lui conférant le rôle de personnage central de son drame. Une quinzaine d'années plus tard, l'auteur gratifie Thésée de ce don, introduisant un changement de perspective : les deux héros se trouvent face à face dans les pages conclusives d'un récit qu'il faut lire à la fois comme un testament de vie et comme une synthèse de l'esthétique de Gide. Les personnages d'Œdipe et Thésée – réinterprétés par l'auteur dans la modernité du XXe siècle – se font porteurs de deux visions différentes de la littérature, défendues avec ferveur. Cela paraît évident si l'on s'efforce d'observer cette rencontre mémorable sous la loupe de la démystification.

Tout d'abord, on constate que c'est en couleurs sombres que Gide peint le portrait d'Œdipe. Mais Thésée reconnait sa noblesse, qu'il considère égale à la sienne, et formule cette noble pensée : « [...] ses malheurs ne pouvaient que grandir encore à mes yeux ce vaincu. »

6 Aldo Naouri, *Les Belles-mères, les beaux-pères, leurs brus et leurs gendres*, Paris, Odile Jacob, 2011, p. 93-95.

7 Robert Kanters, « Rien qu'un homme », art. cité, p. 50.

(*RR*, II, p. 1020.) Le souverain d'Athènes exprime son admiration pour celui qui a battu le Sphinx et souligne la force qui se dégage encore de sa figure. Il s'interroge alors sur sa défaite, sur ces causes. Le drame d'Œdipe l'intrigue, car il a lui-même souffert des conséquences d'un inceste : « Comment alors, pourquoi avait-il accepté sa défaite ? En se crevant les yeux, même n'y avait-il pas contribué ? » (*RR*, II, p. 1020.)

Dans cette perspective, d'un point de vue artistique, la défaite d'Œdipe pourrait symboliser le passage à une nouvelle technique d'écriture. Plus précisément, elle signifierait l'enterrement de la tradition et l'institution de la modernité triomphante, incarnée par Thésée lui-même (« partout et toujours », *RR*, II, p. 1020). Le personnage d'Œdipe représente le passé, et si Thésée admet avoir une dette envers lui, il se fait orgueilleusement porteur d'une nouvelle vision de la vie. De même, Gide – écrivain à la psychologie particulière, à la fois ironique et subtile – se montre sensible à une certaine tradition, qu'il intègre à son récit tout en affirmant le besoin de s'en affranchir. C'est la raison pour laquelle le discours d'Œdipe n'arrive pas à persuader complètement Thésée : « Mais son explication, il me faut bien l'avouer, ne me satisfit guère ; ou c'est que je ne la compris pas bien. » (*RR*, II, p. 1020.)

Afin de prouver qu'il est possible d'embrasser en même temps la tradition et la modernité, Thésée analyse rigoureusement le récit qu'Œdipe fait de sa vie. Comment est-ce qu'il explique son geste ? À première vue, le roi de Thèbes semble avoir suivi une logique humaine. Il expose de manière bien argumentée les raisons qui l'ont mené à s'infliger une telle punition, il revient sur ce qui l'a conduit à cette décision extrême : « [...] ce que je voulais crever, ce n'était point tant mes yeux que la toile ; que ce décor où je me démenais, ce mensonge à quoi j'avais cessé de croire ; pour atteindre la réalité. » (*RR*, II, p. 1020.) Œdipe fait référence à un univers autre, différent, à un monde caché aux yeux clairs des hommes : seuls les non-voyants y auraient accès... Se crevant les yeux, il franchit cette barrière invisible, accédant à un macrocosme énigmatique et flamboyant, où l'obscurité sera dorénavant pour lui la lumière : « Ô, obscurité, ma lumière. » (*RR*, II, p. 1021.)

Mais plus il détaille sa morale, plus Œdipe ressent la méfiance de son interlocuteur. Afin de mieux lui peindre sa vision du monde, il recourt alors à la parole que le « sage aveugle Tirésias » lui avait jadis révélée : « "Il faut cesser de voir le monde, pour voir Dieu." » (*RR*, II,

p. 1021[8].) À l'époque, Œdipe n'avait pas saisi le sens profond de ce message, tout comme Thésée ne le comprend pas à présent : pourquoi Tirésias et Œdipe opposent le « monde intemporel » au « monde extérieur dans lequel nous vivons et nous agissons » (*RR*, II, p. 1021) ? C'est une question à laquelle, semble objecter Œdipe, seuls les aveugles peuvent répondre, puisque Dieu ne semble inspirer que ceux qui regardent le monde avec les yeux de l'âme. À quoi Thésée rétorque : « Je reste enfant de cette terre et crois que l'homme [...] doit faire jeu des cartes qu'il a. » (*RR*, II, p. 1022.) Le héros affirme ici son incapacité à comprendre les mots d'Œdipe. En faisant preuve d'agnosticisme, il se situe et veut rester sur le plan de la raison.

Thésée semble d'ailleurs jouir d'une liberté illimitée, il est le maître de son destin et de son récit : il prend ses propres décisions, il s'enorgueillit de ses succès ; l'écrivain n'intervient jamais pour le guider, expliquer ses choix ou les juger. Se servant d'une technique narrative qui lui est particulièrement chère, Gide fait disparaître le narrateur omniscient et laisse le personnage s'exprimer à la première personne. Comme dans d'autres textes de la même époque, le regard se tourne vers l'intérieur et le passé ressurgit à travers un travail de remémoration. Voilà l'objectif poursuivi par l'écrivain dès le départ : proposer à son lecteur un récit introspectif, une autobiographie de Thésée. Empruntant cette voie, il se lance dans l'écriture d'un nouveau mythe, et cela en raison du rapport d'interdépendance qu'existe entre le mythe et la biographie, comme souligné par Daniel Madelénat : « Entre le mythe et la biographie se nouent, au fil de l'histoire, des liens complexes de filiation, de synergie, d'opposition et d'hybridation[9]. »

Mais il faut encore se demander ceci : pourquoi Thésée entame-t-il son histoire ? Certes, aucun Œdipe ne saurait répondre avec exactitude à cette question, car les raisons sont multiples. D'abord, il y a l'orgueil, la fierté de peindre son propre tableau de vie. Ensuite, considérons que les actes exemplaires qu'il a accomplis peuvent servir de modèle. L'intention de Thésée est donc de nature pédagogique. Il faut également

8 Tirésias, adolescent, surprit Athéna se baignant nue dans la fontaine Hippocrène sur le Mont Hélicon. La déesse, dont la chasteté est absolue, vit comme une atteinte à sa pudeur cette indiscrétion de Tirésias : « Athéna lui mit alors les mains sur les yeux et le rendit aveugle » (Apollodore III, 6, 7).

9 Daniel Madelénat, « Biographie et mythe », dans *Questions de mythocritique. Dictionnaire*, *op. cit.*, p. 51.

souligner que le héros souhaite d'une certaine manière se réconcilier avec son passé. Comme le constate Sébastien Hubier, « l'autobiographie est avant tout une reconstitution, une remise en ordre du passé[10] ». Faisant le récit de sa vie, Thésée essaie de reconstruire l'harmonie primordiale de son existence.

Quant à lui, le bref monologue d'Œdipe semble relever du genre apologétique. « En cela, l'écriture intime serait, d'abord, une réponse à diverses calomnies et correspondrait au besoin de rétablir la vérité[11] », affirme encore Sébastien Hubier. Le roi de Thèbes souhaite défendre à tout prix son point de vue face à Thésée. S'il s'est infligé une punition si terrible, c'est qu'il est conscient de sa culpabilité. Et pour l'assumer pleinement, il n'a pas craint d'appliquer la loi du talion : œil pour œil et dent pour dent.

Mais si, au moment de la révélation tragique, Œdipe avait lui-même été hanté par la pensée de l'exil, il se sent à présent offensé par l'interdiction qui pèse sur lui de revenir à Thèbes et jette une malédiction sur ses habitants. Nous pourrions formuler l'hypothèse suivante : bien qu'il vive dans la conscience de son crime, qu'il accepte d'assumer les conséquences de l'inceste, Œdipe ne se considère pas complètement blâmable pour ses actes et, par là même, il juge indigne d'être banni de la cité. Citons à ce propos les mots de George Sand : « Que l'on soit pur ou impur, petit ou grand, il y a toujours vanité, vanité puérile et malheureuse à entreprendre sa propre justification[12]. »

Il faut également considérer que le choix de se crever les yeux ne venge pas l'inceste, puisque dans la même logique de la loi du talion, cela suggère plutôt une castration, comme le signale une théorie freudienne[13]. Le geste commis par Œdipe prouve que l'organe considéré comme coupable est l'œil, le regard, la vue physique. Ce n'est pas nécessairement l'inceste ou le meurtre qu'il se reproche, mais plutôt l'ignorance dans laquelle il s'est trouvé, l'illusion qui a rendu possible l'accomplissement

10 Sébastien Hubier, *op. cit.*, p. 61.

11 *Ibid.*, p. 69.

12 George Sand, *Histoire de ma vie (1854-1855)*, extrait cité dans *Œuvres autobiographiques*, t. I, édition établie, présentée et annotée par Georges Lubin, Paris, Gallimard, « Bibliothèque de la Pléiade », 1970, p. 12.

13 Lettre de Sigmund Freud à Wilhelm Fliess, 15 octobre 1897, citée dans Sigmund Freud, *Le Moi et le ça* [1923], Paris, Presses universitaires de France, 1966. Du même auteur, voir *Trois essais sur la théorie sexuelle* [1905], Paris, Gallimard, 1986.

du drame prévu par l'oracle. Ainsi Œdipe devient, selon les mots de Claude-Edmonde Magny, « le bourreau de soi-même[14] » : il crève ses yeux et punit l'organe générateur de fausses interprétations – l'œil –, qui ne lui a pas permis de sortir de l'univers des apparences et percevoir la réalité. Ses yeux sont les grands coupables des faits, car ils l'ont rendu aveugle. Afin de survivre, il doit renaître, ôter le sentiment de culpabilité et purifier son âme par un nouveau baptême.

C'est dans ce contexte qu'Œdipe a été considéré à juste titre « curieusement préchrétien », car « [il] parle de la rédemption par la souffrance[15] » : à l'instant même où le héros se crève les yeux, il a accès à la clairvoyance intérieure. Le héros saisit le sens profond des mots de Tirésias, leur valeur prophétique, au point qu'il prend la décision de sortir de l'humaine condition et accéder à une autre forme d'existence. Œdipe renonce à la vue physique pour acquérir la vue intérieure : il agit pour lui-même, choisit l'intériorisation, l'éloignement du monde extérieur et, comme un personnage romantique, il préfère la solitude à la société, les ténèbres nocturnes à la lumière du jour, le bonheur à la culpabilité. À ce propos, Gide écrit dans *Paludes* :

> Sur ma feuille on lisait :
> *Être aveugle pour se croire heureux. Croire qu'on y voit clair pour ne pas chercher à y voir puisque :*
> *L'on ne peut se voir que malheureux.*
> Sur sa feuille on lisait :
> *Être heureux de sa cécité. Croire qu'on y voit clair pour ne pas chercher à y voir puisque :*
> *L'on ne peut être que malheureux de se voir.* (*RR*, I, p. 282-283.)

Le Narrateur de la sotie exprime la vision moderne de Thésée, alors que le personnage de Martin se fait le porte-parole de la vision d'Œdipe, adepte des courants classiques, qu'il a intériorisées, mais heureux dans son choix. Il n'est pas inutile de revenir ici sur l'hypothèse que nous avons formulée précédemment, à savoir que c'est précisément la cécité volontaire d'Œdipe que Thésée ne réussit pas à comprendre : « Mais, m'écriai-je, c'est précisément ce qui te réjouit que je déplore. » (*RR*, I, p. 283.) Pour le héros du récit gidien, ce qui pousse Œdipe à ce geste

14 Claude-Edmonde Magny, « À propos du *Thésée*. L'éthique secrète d'André Gide », *BAAG*, n° 30, avril 1976, p. 52.

15 Robert Kemp, art. cité, p. 29.

extrême n'est qu'une sorte de refus du bonheur, une félicité noyée dans l'ignorance. À ce propos, Sidonie Rivalin-Padiou écrit :

> L'infirmité physique [devient] ainsi la marque de son absence de lucidité, de son aveuglement passé. Mais le geste qu'il commet n'a rien d'une victoire, sa cécité l'enveloppant dans la nuit de Tirésias, dans un mysticisme que Gide tient pour l'aveuglement[16].

En revanche, du point de vue d'Œdipe, l'aveuglement prend une signification bien différente : choisissant de se crever les yeux, il croit accéder à cet « état de félicité suprasensible » (*RR*, II, p. 1022) qui récompense toutes les souffrances vécues. À la suite de cette métamorphose, le personnage regarde en arrière et accepte avec sérénité ses chagrins, puisqu'il comprend maintenant leur provenance divine. Mieux vaut tard que jamais, et en songeant à son foyer dévasté pour toujours, Thésée s'en rend compte aussi : « Je dus payer aux dieux mes succès et ma suffisance » (*RR*, II, p. 1018), constate-t-il. Le prix sera, en fin de compte, la perte de son fils Hippolyte, qu'il tuera lui-même dans un accès de furie.

Il y a ainsi une grande ressemblance entre le destin des deux héros mythologiques : ils sont victimes d'un inceste, direct ou indirect, et suite à ce drame, ils éprouvent le désir de se venger, de protester. Alors que Thésée tue Hippolyte, Œdipe crève ses propres yeux, geste qu'il explique par la loi du talion : « J'ai cédé à un mouvement de fureur, il est vrai ; laquelle je ne pouvais tourner que contre moi ; à qui d'autre eussé-je pu m'en prendre ? » (*RR*, II, p. 1020[17].) Il n'y a pas d'autre coupable pour son acte. Ce n'est donc que par la décision de se crever les yeux qu'il réussit à se réconcilier avec son propre être.

Quant à Thésée, il met en pratique le double axiome qu'il lègue ensuite à Hippolyte : « [Il] s'agit d'abord de bien comprendre qui l'on est » et de savoir ensuite que « l'on n'obtient rien de grand ni de valable, ni de durable sans effort » (*RR*, II, p. 987-988). Cet effort le portera toujours à aller vers l'avant, ne s'attardant jamais sur le passé : « Ainsi fus-je toujours moins occupé, ni retenu par ce que j'avais fait, que requis par ce qui me restait à faire ; et le plus important me paraissait sans cesse

16 Sidonie Rivalin-Padiou, *André Gide : à corps défendu*, Paris, L'Harmattan, 2002, p. 249-250.

17 Afin de s'en purifier, il doit recourir à ce geste suprême qui nous rappelle les mots évangéliques de Marc : « Et si ton œil est pour toi une occasion de chute, arrache-le ; mieux vaut pour toi entrer dans le royaume de Dieu n'ayant qu'un œil, que d'avoir deux yeux et d'être jeté dans la géhenne » (Marc, 9 : 47).

à venir. » (*RR*, II, p. 991.) Thésée demeure héroïquement un homme, rien qu'un homme qui, sur le plan terrestre, a fait son œuvre et a vécu. Il se veut, comme on l'a déjà évoqué, « enfant de cette terre » (*RR*, II, p. 1022) : tel semble être le dernier mot de l'humanisme gidien.

Arrivé à la fin de son histoire, le héros peut maintenant considérer que, en dépit du drame de Phèdre et d'Hippolyte – symbole d'inévitables vicissitudes intimes –, tout lui a réussi. En effet, il a toujours su *passer outre*, en suivant les conseils de son ami Pirithoüs : « Et puisque de femmes, je n'ai jamais pu ni voulu me priver, il [Pirithoüs] me répétait à chaque pourchas amoureux : "Vas-y, mais passe outre." » (*RR*, II, p. 990.) Sans oublier, dans ce contexte, les avertissements de Dédale, tout aussi utiles : « Donc ne t'attarde pas au labyrinthe, ni dans les bras d'Ariane, après l'affreux combat dont tu sortiras vainqueur. Passe outre. Considère comme trahison la passeresse. [...] Passe outre, va de l'avant, poursuis ta route, vaillant rassembleur des cités. » (*RR*, II, p. 1007-1008.) Cette sentence, qui laisse percer l'égotisme du héros, sert de fondement à sa conduite[18]. Il s'agit d'une sorte d'impératif qui, depuis le début du récit, gouverne Thésée « à travers ses aventures, ses travaux, ses périls et ses amours[19] ». À ce propos, Victor Moremans affirme : « Il [Thésée] eut toujours le souci de ne jamais s'attarder ni aux femmes ni aux joies les plus subtiles, et quelles qu'aient été les raisons qui, un instant, le retinrent, il s'empressa de passer outre[20]. »

Ainsi, s'il est vrai que le drame d'Œdipe et celui de Thésée se ressemblent – dans les deux cas, c'est l'amour qui affecte leurs existences –, le second représente l'image de la modernité victorieuse, comme le souligne avec finesse René Laporte : « Car, lui, Thésée, n'est, en somme, qu'un roi vainqueur, un amant que l'amour a servi sans jamais l'alourdir, en somme, quelqu'un qui a fait assez bon marché de la conscience[21]. » Le héros du récit gidien calcule avec la plus grande méticulosité sa démarche, il se définit par la persévérance, l'assiduité à sa tâche, laissant la plupart du temps l'impression d'être un bon tacticien.

« Le livre fait le sens, le sens fait la vie[22] », écrit Roland Barthes. Et par sa décision, son œuvre, Thésée donne du sens à son existence.

18 Voir Patrick Pollard, *Gide et le mythe grec*, *op. cit.*, p. 161.

19 Gaëtan Picon, « Actualité d'André Gide », *Fontaine*, n° 56, novembre 1946, p. 614-625, repris dans *BAAG*, n° 34, avril 1977, p. 73.

20 Victor Moremans, « *Thésée* par André Gide », *BAAG*, n° 29, janvier 1976, p. 35.

21 René Laporte, art. cité, p. 33.

22 Roland Barthes, *Le Plaisir du texte*, Paris, Seuil, 1973, p. 59.

À l'opposée, Œdipe incarne la défaite : en se crevant les yeux pour se punir, il semble reconnaitre l'existence du péché et de l'échec. Lorsque Thésée l'accueille à Colone, celui-ci essaie encore une fois d'expliquer son geste. À travers son personnage, c'est Gide lui-même qui s'exprime :

> Si je compare à celui de Œdipe mon destin, je suis content : je l'ai rempli. Derrière moi, je laisse la cité d'Athènes. [...] Après moi, saura l'habiter immortellement ma pensée. C'est consentant que j'approche la mort solitaire. J'ai goûté des biens de la terre. Il m'est doux de penser qu'après moi, grâce à moi, les hommes se reconnaîtront plus heureux, meilleurs et plus libres. Pour le bien de l'humanité future j'ai fait mon œuvre, j'ai vécu. (*RR*, II, p. 1023.)

D'une voix prophétique, Thésée énonce ici sa morale. Elle se fonde sur la dépréciation de toute valeur hormis l'intime conviction d'avoir soigneusement accompli sa tâche. Cette morale devrait s'ancrer dans la conscience de tous les hommes et vivre dans leur mémoire pour l'éternité. Comme dit, c'est la pensée de l'écrivain qui émerge ici : « [...] par le truchement de Thésée, [Gide] se présente à la postérité comme le créateur d'une œuvre visible, immense et protéiforme[23] ». Comme l'observe Céline Dhérin, *Thésée* est moins le testament d'une vie que l'accomplissement d'une carrière.

Reprenant la lecture du récit, on remarque que Thésée souligne de manière explicite ce qui le sépare d'Œdipe. Orgueilleux, il affirme sa supériorité : « Si je compare à celui d'Œdipe mon destin, je suis content : je l'ai rempli. Derrière moi, je laisse la cité d'Athènes. » (*RR*, II, p. 1023.) Faisant prononcer ces mots ténébreux à son protagoniste, Gide nous fournit une preuve de son égotisme. De cette tendance à l'auto-analyse, qui est propre à d'autres personnages des fictions gidiennes, nous aurons l'occasion de reparler. En revanche, il convient à présent d'insister sur la différence entre égotisme et égoïsme, comme le fait Jean-Jacques Thierry dans son étude[24]. Thésée se présente en tant que personnage moderne, intéressé par la réalité et par tous les aspects de la vie. Dans ses actes, il se conforme aux principes de la disponibilité et n'a donc rien d'un égoïste : toute action qu'il entame se fait « pour le bien de l'humanité future » (*RR*, II, p. 1023). En tant que roi de son État, il est un « réformateur, un alfiérien de la modernité et du progrès et de

23 Marie-José Fourtanier, art. cité, p. 97.
24 *AG*, p. 182.

l'émancipation de l'homme[25] », souligne Gian Luigi Di Bernardini. Et pour ce faire, il lui a fallu assumer la responsabilité de la mort de son père ainsi que de celle de son fils.

Malgré son deuil, le héros gidien tourne son regard vers les autres. Œdipe, en revanche, refuse de voir la réalité présente pour accéder à la réalité divine. Pour souligner une fois de plus la faiblesse du personnage, remarquons que chez Homère le roi de Thèbes ne s'automutile pas après avoir découvert son péché : il tombe dans une dépression profonde[26]. Personnage romantique, individualiste, coupé de la réalité, il demeure ici le représentant de la tradition, d'une ancienne conception de la littérature.

À travers la rencontre entre Œdipe et Thésée, qui clôt le récit, Gide se situe entre la tradition et la modernité, en liant de manière inédite deux époques et deux méthodes d'écriture. L'écrivain reprend des éléments classiques, qui empreignent le discours d'Œdipe. Ceux-ci se trouvent toutefois contrebalancés par la modernité du personnage de Thésée : la grandeur de ce récit hybride réside dans son équilibre. S'appuyant sur l'ensemble de ces considérations, il est donc possible de lire le récit-testament de Gide comme un art poétique. Victor Moremans écrit à ce propos : « Il n'est pas de livre plus "gidien" que ce *Thésée* [...]. Jamais André Gide ne s'est révélé à la fois plus sûr de son métier et de sa langue, plus gracieusement léger à la fois, plus finement ironique et plus profond[27]. » Dans cet ouvrage testamentaire, l'écrivain condense l'ensemble des traits caractéristiques de son écriture. L'œuvre apparaît ainsi comme le couronnement de toute son activité littéraire, comme nous allons mieux le voir dans ce qui suit.

---

25 Gian Luigi Di Bernardini, art. cité, p. 616.
26 Jean Bollack, art. cité, p. 20.
27 Victor Moremans, art. cité, p. 34.

L'ESTHÉTIQUE GIDIENNE

Le gidisme

La morale et l'esthétique gidienne ne peuvent pas être séparées nettement. Elles se superposent de telle manière qu'établir une différence claire entre les deux serait moins un travail de titan qu'un travail de Sisyphe. Considérons, d'une part, que la morale s'enracine souvent dans l'histoire personnelle de l'auteur. Ceci est vrai pour Gide, profondément influencé par l'éducation protestante reçue dans son enfance par sa mère, comme l'observe Jean-Jacques Thierry[1]. N'oublions pas, d'autre part, que Gide est un grand humaniste, et qu'il voit l'homme à la fois comme la cause et le but de la civilisation, de la culture, de sorte que son œuvre se propose d'assurer une place centrale à l'individu au sein du monde. En d'autres termes, l'écrivain comprend l'homme comme essence, dans ses manifestations les plus authentiques : il faut être soi-même en toute circonstance[2].

Dans cette perspective, le gidisme peut se définir comme une manière de vivre : l'individu se veut à la fois originel et autonome, il est né pour le bonheur. Tout en déclarant sa confiance en l'humanité, par sa morale, Gide exprime également une série d'inquiétudes concernant le rapport entre l'homme et son milieu social. Ainsi, oscillant en permanence entre tradition et nouveauté, sa morale se fonde sur deux principes : l'égotisme d'une part et la sincérité de l'autre, impliquant à son tour la disponibilité[3]. Au moment de la rédaction de son testament de vie, l'auteur fait appel à des personnages de la mythologie grecque, héros dont les actions épiques ne découlent pas d'une fatalité, d'une décision prise par les dieux, mais elles sont le résultat d'une prise de conscience personnelle. Celle-ci représente le sommet d'un parcours de vie où la

---

1 *AG*, p. 17.

2 Yvonne Goga, *Tendances du roman français au* XX*e siècle*, Cluj-Napoca, Euro Tami Press, 1998, p. 49-51.

3 *AG*, p. 183.

faute, le mensonge ou la faiblesse ne sont plus admis. Tel est le cas de Thésée. En poursuivant les recherches développées par Jean-Yves Tadié, et plus récemment par Yvonne Goga, nous allons à présent proposer une définition de l'esthétique gidienne à partir de trois concepts-clé : l'égotisme, la sincérité et la disponibilité. Ce travail nous permettra ensuite de lire *Thésée* sous une nouvelle lumière.

L'ÉGOTISME

POUR UNE DÉFINITION DE L'ÉGOTISME[4]

Dans ses œuvres, Gide ne craint jamais de parler beaucoup de lui-même. Il aime s'autoanalyser, dévoiler les caractéristiques de sa personnalité physique et morale, comme le faisait déjà Stendhal, auteur de *Souvenirs d'égotisme*[5]. Dans le *Dictionnaire de Port-Royal*, l'égotisme est défini comme une « habitude blâmable de parler de soi[6] ». Le *Trésor de la langue française* précise plus tard : « [C'est une] disposition de celui ou de celle qui fait constamment référence à soi en particulier dans le discours. » En réalité, la notion prend un contour plus précis chez Stendhal, où elle acquiert le sens suivant : « Tendance à s'analyser, dans sa personne physique et morale ou [...] à cultiver la forme d'expression que constitue le journal intime ». Au XXe siècle, remarque Paul Valéry dans *Variétés*, l'égotisme littéraire « consiste finalement à jouer le rôle de *soi* ; à se faire un peu plus *nature* que nature ; un peu plus soi qu'on ne l'était quelques instants avant d'en avoir eu l'idée[7]. »

---

4 L'étude de l'égotisme gidien a fait l'objet de plus amples recherches. Signalons l'ouvrage de Daniel Moutote, *Égotisme français moderne. Stendhal, Barrès, Valéry, Gide*, Paris, SEDES, 1980. Voir également Jean-Michel Wittmann (éd.), *Gide, l'identité à l'épreuve de la littérature*, actes du colloque de Metz [2015], Paris, Classiques Garnier, 2017, et les travaux de Diana-Adriana Lefter.

5 *AG*, p. 180.

6 *Dictionnaire universel de la langue française, avec le latin et les étymologies*, *s. v.* « égotisme », ouvrage publié sous la direction de Pierre-Claude-Victor Boiste, Paris, Verdier, 1819. Selon le même dictionnaire, l'égotiste est celui « qui a la ridicule habitude de parler sans cesse de soi » (*ibid.*).

7 *Trésor de la langue française*, *s. v.* « égotisme », en ligne : <https://www.cnrtl.fr/definition/égotisme> [consulté le 26 août 2021].

Gide donne au terme une signification plus personnelle, comme l'attestent ses œuvres : plus qu'une occasion d'analyser sa propre personne, l'égotisme implique chez lui un désir permanent de connaître le monde et d'agir de manière désintéressée – s'il s'attarde sur ses réussites, c'est pour décrire le bénéfice dont les autres ont joui. À ce sujet, dans son étude consacrée à André Gide, Jean-Jacques Thierry souligne : « Exalter la primauté de la personne humaine, tel est le propos d'une œuvre dans laquelle l'homme apparaît comme la cause et le but de la civilisation, de la culture[8]. » Et quelques lignes plus loin, il ajoute ceci :

> Gide n'est pas l'égoïste forcené que d'aucuns s'efforcent de combattre et que d'autres louent. Une insatiable soif de connaître autrui, un constant besoin de sympathie, d'amitié, la nécessité de communiquer, de communier ont fait de l'œuvre gidienne une œuvre tournée vers l'avenir et en même temps proche de nous[9].

Ces considérations nous conduisent à souligner une fois de plus la distance qui sépare l'égotisme d'autres notions « proches », comme celles d'égoïsme et d'égocentrisme. En ce qui concerne l'antithèse égotisme-égoïsme, Gide lui-même fournit de précisions. Dans ses *Nourritures terrestres*, il cède la parole à Ménalque :

> Certains m'accusèrent d'égoïsme ; je les accusai de sottise. J'avais la prétention de n'aimer point quelqu'un [...], mais bien l'amitié, l'affection ou l'amour. En le donnant à l'un, je n'eusse pas voulu l'enlever à quelque autre, et ne faisais que me prêter. Pas plus je ne voulais accaparer le corps ou le cœur d'aucun autre ; nomade ici comme envers la nature, je ne m'arrêtais nulle part. Toute préférence me semblait injustice ; voulant rester à tous, je ne me donnais pas à quelqu'un. (*RR*, I, p. 383-384.)

Tout en s'exprimant en faveur du voyage, et donc contre l'enracinement, le héros gidien se donne à la terre entière. De même, plaidant pour la fraternité, il veut rester à tous et n'appartenir à personne : son désir suprême demeure celui de se donner toujours au sentiment et jamais à un/des être(s).

En ce qui concerne l'autre antithèse – égotisme/égocentrisme –, on peut constater qu'elle se montre encore plus pertinente. Composé du latin *ego* et *centrum*, le terme est défini ainsi dans le *Trésor de la langue*

8 *AG*, p. 180-181.
9 *Ibid.*

française : « Déformation du moi, involontaire et inconsciente, consistant à n'envisager le point de vue ou l'intérêt des autres qu'à partir du sien propre[10]. » Or Gide n'a pas l'air de se tourner vers lui-même par égocentrisme : il ne se sent pas le centre du monde et ne veut point l'être. C'est seulement sous l'impulsion de problèmes vitaux – comme la religion et la sexualité – qu'il se lance dans l'écriture, instrument à travers lequel il essaie de se libérer des contraintes morales et sociales qui l'emprisonnent pour se réaliser pleinement[11].

En littérature, l'égotisme apparaît tout d'abord dans *Les Cahiers d'André Walter.* Le jeune protagoniste a été souvent considéré, à juste titre, comme un alter ego de l'auteur. Il faut également citer *Les Faux-monnayeurs*, où Édouard, écrivain de profession, travaille à son nouveau roman, tout comme Gide lui-même, qui entame à cette époque même son *Journal des Faux-monnayeurs* (1926). Un autre exemple pertinent est représenté par *Thésée*, qui peut être considéré comme l'ultime expression de sa plume, comme l'aboutissement le plus complet de sa pensée d'artiste et de son talent de créateur. Gide prête beaucoup de lui-même à son personnage : parvenu à une forme de sagesse artistique, il regarde en arrière et dédie son œuvre aux lecteurs ; son œuvre vise « le bien de l'humanité future » (*RR*, II, p. 1023).

SEUILS. LE CHOIX D'UN ÉGOTISTE

Le lecteur ne commence jamais un roman au hasard, observe Frédérique Chevillot[12]. C'est pourquoi il est toujours intéressant de se pencher sur les premières pages d'une œuvre à la recherche du déclic qui a provoqué la sélection. L'*incipit* propose en général un contrat de lecture que l'on peut accepter ou pas. En effet, lorsque le paratexte ne suffit pas – comme le remarque Vincent Jouve –, ce sont les premières lignes du roman qui remplissent la fonction d'informer, d'intéresser le lecteur et d'établir les règles du jeu[13]. Dans un ouvrage récent sur les frontières du roman, Andrea del Lungo met l'accent sur les différentes

10 *Trésor de la langue française*, *s. v.* « égocentrisme », en ligne : <https://www.cnrtl.fr/definition/égocentrisme> [consulté le 26 août 2021].

11 *AG*, p. 183.

12 Frédérique Chevillot, « Nouvelles limites de la nouvelle », dans Andrea del Lungo (éd.), *Le Début et la fin du récit. Une relation critique*, Paris, Classiques Garnier, 2010, p. 43.

13 Vincent Jouve, *Poétique du roman* [1997], Paris, Armand Colin, 2010, p. 19.

stratégies qu'un auteur peut adopter au moment de l'écriture de son *incipit.* En quelques lignes seulement, il doit persuader son lecteur à signer le contrat qui va les lier de la première à la dernière page, garant de l'authenticité de la parole écrite. Que dire alors de *Thésée* ? Il s'agit du projet d'un égotiste. Écrit à la première personne, par un narrateur autodiégétique, le texte s'ouvre sur une dédicace, plongeant le lecteur dans le décor mythologique original : « C'est pour mon fils Hippolyte que je souhaitais raconter ma vie, afin de l'en instruire » (*RR*, II, p. 987). Par cette simple phrase, le narrateur explique pour quelle raison il a décidé d'écrire et quel est son but principal : il ne souhaite pas faire l'apologie de son existence, ou encore bâtir un monument à sa propre gloire ; il poursuit plutôt un objectif pédagogique, désirant indiquer à son fils la bonne voie. En racontant son histoire, Thésée expose en même temps ses qualités et ses défauts, ses réussites et ses échecs. Les seconds plus les premiers représentent le vrai sujet de ce récit pédagogique à destination d'Hippolyte.

Mais il convient d'insister ici sur un autre aspect : s'il est vrai que l'auteur se trouve en difficulté lorsqu'il s'agit de rédiger le début de son texte, qu'il est facile de le voir hésiter dans le choix du bon *incipit*, il est vrai que de l'autre côté de la frontière, le lecteur se trouve également en difficulté. Devant le pacte de lecture qu'on lui propose de signer, il est censé faire un choix tout aussi rapide que décisif : entrer ou non dans le monde proposé par l'écrivain. C'est l'une des raisons pour lesquelles le début d'un texte est défini par Andrea del Lungo en tant que « seuil de la fiction[14] ».

Revenant à *Thésée*, il faut considérer qu'une fois signé le contrat avec Gide et son narrateur-protagoniste, le lecteur s'aperçoit instantanément que quelque chose lui échappe. Son attention est captivée par l'emploi d'un verbe à l'imparfait, qui réveille en lui quelque suspect, confirmé par le héros lui-même : « C'est pour mon fils Hippolyte que je *souhaitais* raconter ma vie, afin de l'en instruire ; mais il n'*est* plus, et je *raconterai* quand même. » (*RR*, II, p. 987, nous soulignons.) Avec la rapidité de l'éclair, Thésée passe d'un temps au passé à un autre au présent, pour finir, dans la même phrase, avec un futur simple. Cela suggère la simplification du schéma narratif et du point de vue connotatif, la brièveté de la vie même.

14 Andrea del Lungo, *L'Incipit romanesque* [1997], Paris, Seuil, 2003, p. 14.

Même après la mort de son fils Hippolyte, Thésée demeure donc fidèle à l'idée de raconter son histoire. Alors que Gian Luigi Di Bernardini souligne la disparition de l'objectif pédagogique du récit[15], nous considérons que celui-ci survit sous une autre forme : Thésée garde le souhait de relater son expérience de vie, car il souhaite l'exposer à « l'humanité future », et plus particulière au lecteur qui se trouve à présent au seuil de l'histoire. Le personnage fait preuve d'un altruisme solide : si le destinataire initial se trouve dans l'impossibilité de recevoir ce cadeau de vie, le texte se transforme en une œuvre d'art dont le destinataire serait l'humanité entière. L'*excipit* du récit est clair sur ce point : « Pour le bien de l'humanité future, j'ai fait mon œuvre. J'ai vécu. » (*RR*, II, p. 1023.)

Comme un cercle parfait, faisant référence à l'inéluctabilité du temps, le récit s'ouvre et se ferme sur une réflexion autour de la vieillesse et de la fragilité de l'être. Mais si le début du texte n'offre pas de solution à cette fatalité du destin, la fin montre qu'au-dessus de tout s'élève l'acte créateur. C'est donc par la création que l'être humain peut aspirer à l'immortalité, celle même des dieux olympiens. L'*excipit* de *Thésée* peut donc être lu comme l'apogée de l'esthétique gidienne, le point culminant du projet entamé par ce grand égotiste, dont nous allons analyser les différents aspects dans ce qui suit.

MARQUES DE L'ÉGOTISME GIDIEN

L'égotisme est défini par Daniel Moutote comme « un acte de conscience[16] » et donc comme un acte volontaire de la mémoire. Thésée, personnage mythologique réécrit dans la modernité du XXe siècle, en est empreint : le héros n'arrive pas à suivre un schéma dans sa vie, mais agit selon sa propre volonté, se laisse guider par sa soif de liberté absolue. Tout au long du récit, il « se mire dans cette image qui lui est offerte dans le miroir du temps[17] », souligne Diana-Adriana Lefter.

S'annonçant dès la première ligne du récit, comme l'on vient de voir, l'égotisme de Thésée se manifeste à différents moments de son parcours

---

15 Gian Luigi Di Bernardini, art. cité, p. 607.

16 Daniel Moutote, *Égotisme français moderne…*, *op. cit.*, p. 165.

17 Diana-Adriana Lefter, « La découverte du moi à travers le mythe de Narcisse. Étude sur *Les Cahiers d'André Walter* et *Le Traité du Narcisse* », dans Corina-Amelia Georgescu (éd.), *Limba şi Literatura repere identitare în context european*, Piteşti, Editura Universităţii din Piteşti, 2005, p. 278.

de vie. Ainsi, à quelques pages de l'*incipit*, au début du chapitre II, le héros souligne avec orgueil :

> C'est un fait : je crois avoir rendu quelques notoires services ; j'ai définitivement purgé la terre de maints tyrans, bandits et monstres ; balayé certaines pistes aventureuses où l'esprit le plus téméraire ne s'engageait encore qu'en tremblant ; clarifié le ciel de manière que l'homme, au front moins courbé, appréhendât moins la surprise. (*RR*, II, p. 989.)

Au moyen de sa force physique, de son courage indomptable et de son caractère invincible, Thésée a su faire preuve d'un amour démesuré pour l'humanité et son bien-être. Cet envoyé des dieux a purgé la terre de nombreux tyrans, bandits et monstres, en la transformant en un monde digne de ses meilleurs habitants. Il a ainsi remplacé la guerre par la paix, le monstrueux par l'humain, la peur par la confiance et l'imprévisible par la transparence.

Bien qu'il opère au service des autres, c'est bien un certain égotisme qui l'a poussé à l'action. Chaque décision prise par le personnage est influencée par ce penchant de sa personnalité. À titre d'exemple, analysons de près la détermination dont Thésée fait preuve lorsqu'il décide de s'offrir comme tribut au Minotaure : « J'exigeai de faire partie du lot, nonobstant la résistance du roi, mon père… » (*RR*, II, p. 991-992), se souvient-il. Puisqu'il s'offre volontaire, et cela malgré l'interdiction d'Égée, on comprend aisément que le protagoniste n'est pas uniquement mû par des intentions charitables. Son but est également d'exhiber ses propres qualités. Dans cette perspective, l'opposition du père ne fait qu'augmenter son désir de partir, car, comme l'écrit Michel Deguy, « [si] tout le monde s'irrite, c'est bon signe. Signe que par là est l'intéressant[18]. »

Prenant le chemin le plus risqué, le héros gidien a ainsi l'occasion de se montrer digne d'être fils d'un roi : « Je n'ai que faire des privilèges et prétends ne me distinguer du commun que par ma valeur » (*RR*, II, p. 992), affirme-t-il. Il vit désormais dans la conscience de sa force et de son courage hors du commun, qualités qui l'entraînent dans un vortex dont le centre se rapporte toujours au bien-être de son peuple : « Aussi bien mon dessein était-il de triompher du Minotaure et du coup libérer la Grèce de cet abominable impôt. » (*RR*, II, p. 992.) Se positionnant

18 Michel Deguy, *La Raison poétique*, Paris, Galilée, 2000, p. 160.

au-delà de tout égoïsme ou égocentrisme, le protagoniste agit pour l'intérêt de l'humanité, faisant ainsi renaître le concept d'égotisme.

Dans la suite du récit, Thésée est mis à l'épreuve par le roi Minos. D'abord, il veut certifier son statut de descendant de Poséidon, tel qu'il l'avait proclamé devant le roi. Le protagoniste est censé plonger dans la mer, rencontrer le dieu des eaux et revenir avec la preuve de ces retrouvailles. Thésée accepte le défi de Minos, qui lui permet en même temps d'exposer la force de son bras « devant ces dames » (*RR*, II, p. 995). Pour arriver à son but, il recourt à une tricherie : « [Mais] ce faisant je pus dissimuler la ceinture de cuir que je conservais, à quoi pendait une escarcelle. Dans celle-ci, je n'avais pas de pièces de métal, mais bien quelques pierres de prix, emportées de Grèce, car je savais que ces pierres ardent leur valeur n'importe où. » (*RR*, II, p. 995-996.) En ressortant de l'eau, il ramène les bijoux à la surface, des cadeaux qu'il décide d'offrir à ses spectateurs : « [...] [un] onyx à la reine et à chacune des princesses les chrysoprases » (*RR*, II, p. 996). Mais si, face au roi, le Thésée gidien témoigne de son ascendance divine, ces pseudo-preuves ne font que dévoiler au lecteur le caractère bâtard du protagoniste. Analysée sous la loupe d'une herméneutique de l'égotisme, la scène acquiert également une autre interprétation. Thésée prouve encore une fois qu'il n'est pas égoïste, puisqu'il décide d'offrir les pierres précieuses aux deux princesses et à la reine, qui assistent à son épreuve.

Une fois revenu à la cour de Minos, Thésée se sent brusquement « gauche ». Il est le centre du nouveau monde de Minos, ce qu'il trouve fort inconfortable : « Les regards se fixaient sur moi ; et, devant converser, je paraissais encore plus gauche. Dieu ! Que je me sentais donc emprunté ! Moi qui n'ai jamais rien valu que seul, pour la première fois j'étais en société. » (*RR*, II, p. 997.) Le héros gidien éprouve un sentiment étrange lorsqu'il se trouve inséré pour la première fois à l'intérieur d'une collectivité : « Il ne s'agissait plus de lutter et de l'emporter par la force, mais de plaire, et je manquais d'usage étrangement. » (*RR*, II, p. 997.) Habitué à se suffire lui-même, à compter seulement sur sa force, il ne connaissait pas la valeur de la justice. Mais à la cour de Minos, il se trouve à devoir apprendre de nouvelles règles de conduite.

L'égotisme de Thésée perce également à travers le discours qu'il prononce devant les habitants de la cité qu'il vient de fonder. Il n'a pas peur de montrer qu'il possède une force presque illimitée, mais affirme vouloir y recourir uniquement à l'avantage du peuple : « Je réduirai donc vos fortunes ; et par la force (je la possède) si vous n'acceptez pas cette réduction de bon gré. » (*RR*, II, p. 1016.) Souverain politique d'Athènes, le héros gidien tient à souligner qu'il n'est pas un despote, qu'il ne souhaite nullement installer un régime totalitaire : « Je saurai faire respecter les lois ; me faire respecter, sinon craindre, et prétends que l'on puisse dire alentour : l'Attique est régie, non par un tyran, mais par un gouvernement populaire. » (*RR*, II, p. 1016.) En effet, ayant visité la Russie en 1936 – voyage qui est à l'origine de la publication de *Retour de l'U.R.S.S.* –, Gide a bien compris que gouverner un peuple par la force et la violence constitue un échec. Et en effet, s'il est vrai que Thésée use de la contrainte pour faire entrer l'égalité dans les faits, comme le souligne Daniel Durosay dans son article, « il en trace aussi les limites : l'ordre et non la tyrannie[19] ».

Poursuivant ce but, Thésée déclare également son intention de supprimer les différences entre les habitants, à savoir les inégalités sociales et économiques. Ainsi, il plaide en faveur d'une nouvelle forme d'équilibre dans l'État qu'il vient de créer. En tant que souverain, il possède la grande force de « croire au progrès », à la modernité, convaincu que « l'humanité [...] peut plus et vaut mieux » (*RR*, II, p. 1018). Quelques lignes plus loin, il déclare triomphalement que « les Athéniens, entre tous autres Grecs, "grâce à [lui]", méritèrent le beau nom de *Peuple*, qui leur fut communément donné, et qui ne fut donné qu'à eux. » (*RR*, II, p. 1017.) Dans sa conscience d'égotiste, le héros gidien se considère comme l'unique et irremplaçable bienfaiteur du peuple, une sorte de Prométhée, pourvoyeur non pas du feu divin, mais du bonheur dans la ville d'Athènes.

L'égotisme se définit, comme dit, par la disponibilité à parler de soi et à agir pour le bien d'autrui. Il en suit que l'égotiste ne devrait pas s'attendre à recevoir de récompense. Pourtant, il faut noter d'emblée que ce n'est pas le cas de Thésée. Il n'y a aucun doute sur le fait que ses actions soient charitables, mais elles ne sont pas désintéressées. Citons un exemple. Thésée décrit avec enthousiasme son amitié avec Pirithoüs, mais, dès qu'il le sauve du labyrinthe, il attend en échange une preuve de sa fidélité : « Une occasion s'offrit à lui, peu ensuite, de me prouver son dévouement. » (*RR*, II, p. 1010). C'est bien Pirithoüs qui suggère à Thésée comment fuir la Crète en compagnie de Phèdre.

19 Daniel Durosay, « Thésée roi. Essai sur le discours politique dans le *Thésée* de Gide », *BAAG*, n° 106, avril 1995, p. 217.

Plus le temps passe, plus Pirithoüs se montre digne de l'amitié de Thésée. Ainsi, analysant l'état des choses avec sagesse, il essaie d'intervenir quand la situation le demande : « N'as-tu pas fait suffisamment ? La prospérité d'Athènes assurée, repose-toi dans la gloire acquise et dans le bonheur conjugal. » (*RR*, II, p. 1018.) Pourtant, prouvant qu'il est moins attaché à sa famille qu'à sa cité, dont il souhaite continuer d'assurer la prospérité, Thésée ne suit pas son conseil. En raison de cette divergence d'opinions, Pirithoüs cesse de suivre son ami, qui se montre vexé. Thésée refuse de partager son point de vue, soulignant le décalage générationnel qui les sépare : « Comme Pirithoüs était de bon sens, je l'écoutais encore, mais sans plus. Vieilli lui-même, c'est dans la tempérance qu'il laissait s'assoupir sa sagesse, lui naguère si entreprenant. » (*RR*, II, p. 1018.)

Le héros du récit gidien se définit donc par son désir passionné d'aider les autres et par sa volonté de fonder une société durable, dont la prospérité dépend de l'unité de ses habitants. Mais dans sa frénésie, Thésée risque de se désintéresser de son propre foyer, de perdre le bonheur conjugal ainsi que l'amour de Phèdre, comme le prédit Pirithoüs (il semble posséder le même don prophétique de Cassandre). En égotiste, Thésée prendra conscience, bien que tardivement, des conséquences de son comportement. Vers la fin de son récit, il avoue avoir adoré la cité plus que sa femme : « Derrière moi, je laisse la cité d'Athènes. Plus encore que ma femme et mon fils, je l'ai chérie. » (*RR*, II, p. 1023.)

Parfois, il arrive que l'égotisme de Thésée se teinte d'ironie, comme lorsque le personnage endosse les habits de Don Juan. Le héros raconte qu'après son abandon sur Naxos, seule et déçue, « la belle, la lassante Ariane [...] se consola dans le vin » (*RR*, II, p. 1013-1014). Il suggère qu'elle devrait le remercier de lui avoir donné l'occasion de connaître Dionysos, qui deviendra son mari : « Et l'on me permettra de remarquer que, sans mon abandon, ne fût advenu rien de tout cela, si avantageux pour elle. » (*RR*, II, p. 1015.) C'est à Thésée qu'elle devra pour toujours son autonomie même, comme le souligne Jacqueline De Clercq dans *Le Dit d'Ariane*. Dans cette réécriture du mythe, l'auteure gratifie la déesse du pouvoir de la parole : Ariane donne un nouveau sens au drame qu'elle a vécu, considérant son abandon sur l'île de Naxos comme « le lieu et temps de sa renaissance[20] ». Cette expérience lui permet de mettre un

20 Jacqueline de Clercq, art. cité, p. 826.

terme à son parcours d'apprentissage. Elle parvient enfin à la conquête de sa propre identité, ni attachée ni tributaire à Thésée.

Au terme de cette brève analyse, nous pouvons affirmer que Thésée œuvre âme et corps pour le bien-être de son peuple. Mais qu'il le fasse pour le bonheur de ses sujets ou pour satisfaire son orgueil démesuré, il en est de même pour lui. La conclusion de son récit est assez claire : « Il m'est doux de penser qu'après moi, *grâce à moi*, les hommes se reconnaîtront plus heureux, meilleurs et plus libres. » (*RR*, II, p. 1023, nous soulignons.) Et c'est d'ailleurs à ce point du récit que l'égotisme du protagoniste gidien atteint son apogée.

LA SINCÉRITÉ

THÉSÉE : UN RÉCIT AUTOBIOGRAPHIQUE ?

Comme les critiques l'ont souligné à plusieurs reprises, Gide prête beaucoup de lui-même au protagoniste de son récit. En effet, écrit à la première personne, *Thésée* pourrait facilement se lire comme un texte autobiographique. Les nombreuses analogies entre la personnalité de Gide et celle de son héros, ainsi que le penchant de celui-ci pour la vérité, ont fait que la frontière entre les trois instances du récit – l'auteur, le narrateur et le personnage – soit assez difficile à tracer.

Mais comment l'autobiographie se définit-elle ? Rappelons ici qu'elle suppose une identité commune entre l'auteur, le narrateur et son personnage. Il s'agit, selon Philippe Lejeune, de son principal critère définitoire : « Pour qu'il y ait autobiographie, et plus généralement littérature intime, il faut qu'il y ait identité de l'auteur, du narrateur et du personnage[21]. » Dans *Thésée*, cette condition n'est pas remplie, vu l'absence d'identité nominale entre les trois instances narratives.

Il faut pourtant considérer que même s'il y a identité onomastique entre l'auteur, le narrateur et le personnage, l'autobiographie a toujours partie liée avec la fiction, et cela pour des raisons de subjectivité, favorisant les écarts et les omissions. Certes, le récit gidien propose un contrat de lecture

21 Philippe Lejeune, *Le Pacte autobiographique*, Paris, Seuil, 1975, p. 15.

où le narrateur raconte une série d'événements qui s'inscrivent dans le paradigme du vraisemblable. Mais on ne peut jamais se souvenir de tout, et la raison est simple : le décalage temporel entre l'événement vécu et l'écriture affecte la mémoire. Dans le cas de Gide, d'ailleurs, il faudrait plutôt s'intéresser au *Journal*, ou encore à *Si le grain ne meurt*, puisque *Thésée*, en tant que « récit », offre très peu de place aux développements intimes. Dans ce contexte, citons les mots de Wolfgang Kaiser : « [...] dans l'art du récit, le narrateur n'est jamais l'auteur [...] mais un rôle adopté et inventé par l'auteur[22]. » Le critique met en garde le lecteur que nous sommes : réduire un texte à sa composante (auto-)biographique signifie diminuer, ou même nier, son côté esthétique et plus généralement donc dévaloriser l'acte littéraire proprement dit, la catharsis de son auteur.

Comme l'on vient de voir, *Thésée* n'est pas une autobiographie au sens où Philippe Lejeune l'entend. Mais le récit ne se situe pas non plus dans le domaine de la pure fiction. Nous suggérons qu'il s'agit d'un texte hybride, qui situe entre ces deux extrêmes : la pulsion mémorielle, ou confessionnelle, va de pair avec le choix d'une voix « autre ». Dans cette perspective, *Thésée* peut être considéré comme un récit autodiégétique – nous empruntons la définition à Pierre Lachasse[23] –, ou bien comme une fiction autobiographique, ou une « autofiction ». C'est Serge Doubrovsky à avoir introduit le terme dans l'histoire littéraire, contribuant par ses nombreux travaux à définir les caractéristiques du genre. Philippe Gasparini en offre une synthèse en dix points :

- L'identité onomastique de l'auteur et du héros narrateur ;
- le sous-titre « roman » ;
- le primat du récit ;
- la recherche d'une forme originale ;
- une écriture visant « la verbalisation immédiate » ;
- la reconfiguration du temps linéaire (par sélection, intensification, stratification, fragmentation, brouillages...) ;
- un large emploi du présent de narration ;
- un engagement à ne pas relater que des « faits et événements strictement réels » ;
- la pulsion de « se révéler dans sa vérité » ;
- une stratégie d'emprise du lecteur[24].

22 Voir Roland Barthes, Wolfgang Kaiser, Wayne Clayson Booth, Philippe Hamon, *Poétique du récit*, Paris, Seuil, 1977, p. 71.

23 Pierre Lachasse, « *Thésée*, le labyrinthe du récit », art. cité, p. 231.

24 Philippe Gasparini, *Est-il Je ? Roman autobiographique et autofiction*, Paris, Seuil, 2004, p. 209.

Si, dans le cas de *Thésée*, il n'y a pas d'identité onomastique entre l'auteur et son héros-narrateur, on remarque que le récit remplit l'ensemble des autres conditions arrêtées par Doubrovsky. Dans son étude, Sidonie Rivalin-Padiou affirme :

> L'autobiographie gidienne est le lieu par excellence où s'élabore toute une mythologie personnelle et devient en quelque sorte l'antre privilégié de l'autofiction. Dans la lignée de Rousseau, Gide affirme le caractère véridique de son texte et suscite ainsi d'emblée bien des suspicions[25].

De la même manière, dans son ouvrage de référence sur le mythe chez Gide, Diana-Adriana Lefter met l'accent sur le caractère autofictionnel de beaucoup de ses textes. Nous nous proposons de poursuivre la réflexion dans cette direction : notre but est de témoigner de la bonté de cette interprétation en apportant de nouvelles preuves à son appui. Si Diana-Adriana Lefter dirige son attention essentiellement vers *Si le grain ne meurt*, nous allons tout naturellement placer *Thésée* au centre de nos analyses. Héritier de Jean-Jacques Rousseau, dont il était un lecteur passionné, Gide révèle dans son *Thésée* sa passion pour la véridicité des faits. Mais, comme dit, le texte porte également les marques de la fiction littéraire. Il se situe, ainsi, dans cet entre-deux qui est le récit autofictionnel ou, pour reprendre la définition de Gian Luigi Di Bernardini, l'« autobiographie fictionnelle[26] ».

En suivant le schéma proposé par Philippe Gasparini, on remarque, dans le récit gidien, une prépondérance du récit par rapport à la description ou au dialogue. L'écriture tend vers la verbalisation immédiate, elle-même scindée par des ruptures temporelles dont l'origine est à rechercher dans la fragmentation du texte en chapitres. Il y a aussi, chez Gide, une recherche permanente de l'originalité, et cela même dans le contexte de la réécriture d'un mythe ancien. Le contrat de lecture garantit la véridicité des faits, qui sont racontés de manière captivante : le narrateur use de différentes stratégies pour maintenir, du début à la fin, l'attention de son public. Dans ce qui suit, nous nous pencherons sur ces différents aspects, à commencer par le goût de l'écrivain pour le verbe…

25 Sidonie Rivalin-Padiou, *op. cit.*, p. 219.
26 Gian Luigi Di Bernardini, art. cité, p. 605.

LE PRIMAT DU RÉCIT

Dans son récit, Thésée expose ses souvenirs : il adopte un style concis et bref, tout en pointant les instants les plus mémorables de son parcours initiatique. À première vue, on remarque déjà la force toute-puissante du verbe et de l'action. Les passages narratifs priment sur les passages descriptifs et tout cela, remarque Pierre Lachasse, en raison du fait que l'auteur a pleinement conscience des immenses pouvoirs du langage et nourrit la plus grande confiance dans les facultés de persuasion de son héros-personnage[27].

Fil après fil, Thésée tisse l'histoire de ses aventures. Il choisit, pour cela, les temps verbaux propres à la narration au passé – comme l'imparfait et le passé simple –, entrecoupés de passages au présent du récit :

> C'*était* quelqu'un de très bien, Égée, mon père ; de tout à fait comme il *fallait*. En vérité, je *soupçonne* que je ne *suis* que son fils putatif. On me l'a dit, et que le grand Poséidon m'*engendra*. Dans ce cas, c'est de ce Dieu que je *tiens* mon humeur volage. (*RR*, II, p. 988, nous soulignons.)

On observe le même procédé quelques pages plus loin :

> Mais me voici devant une aventure admirable, et telle qu'Hercule lui-même n'en *connut* point. Je la *dois* relater longuement. [Fin du chapitre II / début du chapitre III] C'*est* très compliqué, cette histoire. Il *faut* dire d'abord que l'île de Crète *était* puissante. Minos y *régnait*. (*RR*, II, p. 991, nous soulignons.)

De ce bouleversement de la linéarité temporelle, causée par l'alternance du présent de la narration et le passé de l'action, Thésée fournit lui-même l'explication : se trouvant au crépuscule de sa vie, il désire transmettre à son fils le récit de ses aventures d'initiation. L'exposition des faits – avec une double portée, égotiste et pédagogique –, se fait essentiellement au passé : Thésée raconte ses « premiers ans » de vie, « vécus dans l'innocence » (*RR*, II, p. 987) ; suivent les aventures de jeunesse ; vient enfin le temps de la maturité jusqu'au moment fatidique de la vieillesse. L'emploi de l'imparfait est prépondérant :

> Tout *paraissait* divin, qui *demeurait* inexplicable, et la terreur *s'épandait* sur la religion, au point que l'héroïsme *semblait* impie. (*RR*, II, p. 989, nous soulignons.)
>
> *J'étais* hellène. (*RR*, II, p. 996, *id.*)

---

27 Pierre Lachasse, « *Thésée*, le labyrinthe du récit », art. cité, p. 231.

> Ô jardins en extase, suspendus dans l'attente d'on ne savait quoi, sous la lune. *C'était* au mois de mars ; avec une tiédeur délicieuse *palpitait* déjà le printemps. (*RR*, II, p. 999, *id.*)

Du point de vue quantitatif, l'imparfait est suivi de près par le passé simple :

> Il m'*enseigna* que l'on n'obtient rien de grand… (*RR*, II, p. 988, nous soulignons.)
>
> De toutes, Antiope *fut* la plus près de m'avoir. (*RR*, II, p. 990, *id.*)
>
> Il m'*emmena* donc sur une roche. (*RR*, II, p. 995, *id.*)
>
> On me *pria* de raconter… (*RR*, II, p. 997, *id.*)
>
> Il *commença* par me féliciter de mes prouesses. (*RR*, II, p. 53-54, *id.*)

Si l'imparfait, temps de la durée au sens propre – qualifié par Genette de « temps itératif[28] » ou encore de « temps de la concomitance[29] » –, exprime ici la force du souvenir, il comporte en même temps une nette expression du sentiment. Le passé simple, en revanche, est employé pour faire revivre la mémoire d'actes qui se sont suivis dans un temps lointain, et on garde un souvenir discontinu et lacunaire. L'enchevêtrement volontaire entre les deux temps verbaux sert à introduire des nuances dans l'histoire, tenue à distance par rapport au moment où le récit est raconté. Les passages au présent, ainsi que ceux racontés à l'imparfait, permettent de séparer nettement le moment de l'action du moment du récit. Citons à ce propos les mots de Gérard Genette : « Cette marque grammaticale suffit à distinguer sans équivoque le passé lointain, présenté comme souvenir grâce à l'étalement des temps duratifs, des autres moyens donnés comme actuels[30]. » Et pourtant les deux, ensemble, « orientent vers une attitude de détente[31] », souligne Paul Ricœur. C'est sans doute la finalité de Thésée, pour qui l'écriture s'apparente à un acte thérapeutique.

28 Gérard Genette, *Figures III*, Paris, Seuil, 1972, p. 171.
29 *Id.*, *Figures II*, Paris, Seuil, 1969, p. 211.
30 *Id.*, *Figures I*, Paris, Seuil, 1966, p. 74.
31 Paul Ricœur, *Temps et récit*, t. III : *Le temps raconté*, Paris, Seuil, 1985, p. 276.

LA RECHERCHE D'UNE FORME ORIGINALE : INNOVATIONS STYLISTIQUES

Vertueux de l'univers scriptural, tout écrivain cherche à surprendre ses lecteurs par un style inédit. Romancier, poète et dramaturge, sans oublier son « infatigable activité d'épistolier, de critique, et d'observateur vigilant[32] », Gide a dû se poser, certainement, la même question : comment captiver l'attention du public ? Figure de proue de la littérature du XXe siècle, Gide souhaite innover et plus généralement – comme d'autres écrivains contemporains –, explorer toutes les potentialités de l'art. Rappelons ici qu'il est l'un des fondateurs de *La Nouvelle Revue française*, à côté d'autres écrivains de sa génération, à commencer par Charles-Louis Philippe.

Avec son dernier récit publié, *Thésée*, l'écrivain propose une relecture de la Grèce antique à la lumière du XXe siècle. Son idée est de faire de ce personnage mythique un héros de la contemporanéité, et cela à travers l'emploi de techniques narratives d'une finesse remarquable. Le texte se caractérise ainsi par des jeux itératifs de transtextualité et plus précisément, d'hypertextualité, pour reprendre des catégories codifiées par Genette. Citons les mots de Pierre Lepape : « On a beaucoup vanté la phrase gidienne, son parfait équilibre entre classicisme et modernité, entre culture et invention, entre musicalité et rationalité, gravité et ironie[33]. »

Mais l'originalité de Gide consiste également en le fait que, par le biais d'un texte savamment construit, « il ne cesse d'affirmer la valeur suprême de la forme », et cela – souligne Gaëtan Picon – « au moment où la meilleure littérature est tentée de ne plus voir en elle qu'un simple moyen d'expression, dont on doit exiger qu'il soit entièrement transposable et traduisible[34] ». L'emploi fréquent des jeux de langue et des innovations stylistiques, sans négliger l'oralité du langage, contribue à faire de *Thésée* un récit moderne et innovant.

Il convient de s'arrêter à présent sur la phrase prononcée par Thésée au moment où il sort de l'eau avec les dons que Poséidon lui aurait offerts : « Je tendis, de mon plus galant, l'onyx à la reine » (*RR*, II, p. 996). Dans son article, Roger Caillois observe que l'usage du superlatif neutre, ici

32 Robert Kopp, Peter Schnyder (éd.), *André Gide et la tentation de la modernité*, actes du colloque de Mulhouse [2001], Paris, Gallimard, 2002, p. 8.

33 Pierre Lepape, « André Gide (Paris, 22 novembre 1869-Paris, 19 février 1951) », *FranceArchives. Portail national des archives*, en ligne : <https://francearchives.fr/fr/commemo/recueil-2001/39171> [consulté le 26 août 2021].

34 Gaëtan Picon, art. cité, p. 73.

employé en fonction de substantif, est le signe d'un grand raffinement stylistique[35]. D'ailleurs, sans viser l'exhaustivité, l'auteur du *Mythe et l'homme* se penche sur d'autres innovations stylistiques présentes dans *Thésée*. Il passe rapidement en revue le penchant de l'écrivain pour les archaïsmes (comme « rengréger » ou « escamper ») et son goût pour l'épithète placé avant le nom (« un immédiat emploi » ou « un continu symbole »). Il rappelle également que Gide a retouché à plusieurs reprises le texte, comme dans les exemples suivants : « peu ensuite » devient « peu après » ; « en air libre » remplace « à l'air libre ».

D'ailleurs, Gide a toujours été un grand amoureux de musique, au point qu'« il lui [fallait] toujours un piano à portée de la main[36] » (comme le remarque Roger Delage). De nombreux critiques ont souligné comment cette passion affecte l'écriture, et tout particulièrement, le style de l'écrivain[37]. Dans cette perspective, soulignons que *Thésée* le style de *Thésée* se caractérise par une musicalité très prononcée. Ceci peut s'expliquer par le fait qu'il s'agit d'un texte d'inspiration mythologique. En effet, d'après Pierre Brunel, entre le mythe et la musique, il y aurait un rapport privilégié[38].

Toujours du point de vue stylistique, il fait remarquer que le récit de Gide se caractérise par sa brièveté. Nous sommes aux antipodes de la modernité représentée par Proust… Analysant l'esthétique gidienne, Germaine Brée remarque à ce propos : « Les phrases courtes, coupées, d'une parole familière alternent avec de longues phrases qui s'amollissent, s'élancent pour être reprises et dirigées dans le seul souci de cerner exactement, avec les faits, l'émotion qui les accompagna[39]. » Pour ce dernier récit de sa vie d'écrivain, Gide mise sur la narration, le primat du verbe et de l'action, reléguant la description au second plan[40]. Il convient peut-être ici de faire un pas en arrière pour citer un extrait de

---

35 Roger Caillois, « Le style d'André Gide », *BAAG*, n° 29, janvier 1976, p. 39.

36 Roger Delage, « André Gide et la musique », *BAAG*, n° 39, juillet 1978, p. 17.

37 Citons, à ce propos, le volume d'Augustin Voegele, *Musique et désir chez André Gide*, Paris, Classiques Garnier, 2020.

38 Pierre Brunel, « Musique et mythe », dans *Questions de mythocritique. Dictionnaire*, *op. cit.*, p. 247-260.

39 Germaine Brée, *André Gide, l'insaisissable Protée. Étude critique de l'œuvre d'André Gide* [1953], Paris, Les Belles Lettres, 1970, p. 334.

40 Sur la primauté de la narration par rapport à la description, voir le travail de Mieke Bal, *Narratologie : essais sur la signification narrative dans quatre romans modernes. Les Instances du récit*, Utrecht, HES Publishers, 1984.

l'« Étude sur le journalisme » d'Émile Zola : « Un style simple, clair et fort, serait un bel outil pour la vérité de demain. [...] Il s'y débarrasse de l'épithète, il n'est plus que le verbe, il va au plus de sens avec le moins de mots possible[41]. » Pour son *Thésée*, Gide affirme le primat de la narration, il choisit la force du verbe et la réduction des épisodes descriptifs, poursuivant le but de purger son écriture de toute épaisseur inutile.

En d'autres termes, *Thésée* se présente ainsi comme un récit facile à suivre, composé de phrases succinctes. L'action est réduite, car Gide simplifie au maximum le schéma narratif de l'ouvrage pour laisser au lecteur le plaisir d'analyser les faits. À l'instar de Marcel Proust, maître de la phrase longue, Gide est un adepte du raccourci, comme il apparaît clair à la lecture de son récit testamentaire. Le recours à la mythologie, qui témoigne de son classicisme, va de pair avec la recherche d'une poétique originale. Elle se situe au carrefour de la narration (qui repose sur le verbe) et de la description (qui repose sur l'adjectif) et se manifeste dans les structures choisies, souvent inédites.

L'IRONIE

« En raison de leur caractère notoire, les mythes grecs n'échappent ni au pastiche ni à l'humour[42] », écrit Jacqueline Bel au sujet de la métamorphose et de la réécriture du mythe chez Gide. Mais dans son étude, l'auteure se penche exclusivement sur *Le Prométhée mal enchaîné*. Dans ce qui suit, nous allons voir que *Thésée* mérite également l'attention de la critique. En effet, le récit se caractérise par un humour et une ironie subtils, qui contribuent à en définir la poétique.

À travers les siècles, un grand nombre d'auteurs a tenté de définir le comique : Aristote, Charles Baudelaire, Henri Bergson, Sigmund Freud, Robert Escarpit... La liste est longue. Dans les dictionnaires, le comique se définit – au sens dénotatif et dans le langage courant – en tant que trait de caractère d'une personne : « Qui fait rire par un détail [...], par son comportement physique ou moral[43]. » C'est de cette

41 Émile Zola, « Étude sur le journalisme », préface à *La Morasse. Nouvelles*, Paris, Marpon & Flammarion, 1899, en ligne : <http://www.intratext.com/IXT/FRA0360/_P7.HTM> [consulté le 26 août 2021].

42 Jacqueline Bel, art. cité, p. 60.

43 *Trésor de la langue française*, *s. v.* « comique », en ligne : <https://www.cnrtl.fr/lexicographie/-comique> [consulté le 26 août 2021].

définition même que découle la classification du comique proposée par Henri Bergson dans son ouvrage de référence, *Le Rire*. Selon le philosophe, il y a cinq types de comique : celui des formes, celui des mouvements, celui des situations, celui des mots et celui du caractère. Mais il identifie également, sur un autre plan, l'ironie, l'autodérision et l'humour noir. Bergson propose d'ailleurs de considérer le rire dans une perspective thérapeutique, voire psychanalytique.

Mais revenons au *Thésée* gidien. Certes, la description de Pasiphaë prête à sourire : « Elle avait les lèvres gourmandes, le nez retroussé, de grands yeux vides, au regard eût-on dit, bovin. Une sorte de diadème d'or la couronnait, posé [...] sur un ridicule chapeau d'étoffe sombre [...] comme une corne en avant du front. » (*RR*, II, p. 994.) On s'amuse également à la lecture du chapitre IV, lorsque le roi Minos défie le protagoniste. Avant de plonger dans l'eau, Thésée enlève ses vêtements, mais garde l'écharpe d'Ariane entre ses cuisses. Il explique aussitôt son geste :

> Il semblait que ce fût par pudeur et pour ne point exposer ma virilité devant ces dames ; mais ce faisant je pus dissimuler la ceinture de cuir que je conservais, à quoi pendait une escarcelle. Dans celle-ci, je n'avais pas de pièces de métal, mais bien quelques pierres de prix, emportées de Grèce, car je savais que ces pierres gardent leur pleine valeur n'importe où. (*RR*, II, p. 995-996.)

Quelques pages plus loin, au moment où le héros raconte de ses amours avec la belle Ariane, le lecteur éprouve la même sensation : « J'étais tour à tour son bien unique, son canari, son bichon, son tiercelet, son dorelot... [...] Elle disait aussi "je ne puis me passer de toi". Ce qui fit que je ne songeai plus qu'à me passer d'elle. » (*RR*, II, p. 1000-1001.) Plus tard, il avoue être « claquemuré par Ariane » (*RR*, II, p. 1011). Le discours amoureux de la jeune femme, observe Céline Dhérin, accentue le ridicule et rend son abandon inévitable : « Plus Ariane est pressante, plus Thésée ressent l'obligation de la quitter[44]. »

À la sortie du labyrinthe, Thésée rencontre ses compagnons hébétés par les parfums, « alourdis par l'ivresse », « attablés devant un festin de victuailles ». Ce n'est qu'« en les battant [...] à coups de poing, de pied au cul » (*RR*, II, p. 1010) qu'il réussit à les contraindre à le suivre : le comique de la situation est évident. On peut dire de même d'un autre épisode, qui voit Thésée confondre Géryon avec Cercyon : « C'est donc

44 Céline Dhérin, *op. cit.*, p. 1372.

sur le chemin d'Athènes [...] que je me suis mis d'abord à l'épreuve [...] en réduisant quelques noirs bandits avérés : Sinnis, Périphétès, Procuste, Géryon (non, celui-là, ce fut Hercule ; je voulais dire : Cercyon.) » (*RR*, II, p. 991.)

Pour garder l'attention de son lecteur en éveil, Gide ne craint pas d'avoir recours aux codes du genre comique. Les portraits de Pasiphaë et d'Ariane, personnage au tempérament pressant, en sont deux exemples. Mais quel rire souhaite-t-il susciter ? De nombreux spécialistes de l'auteur ont souligné que c'est plutôt de l'ironie que Gide se sert dans ses textes – citons ici les travaux de Diana-Adriana Lefter, Pierre Lepape ou Pierre Lachasse, auxquels nous avons déjà fait référence. Soulignons toutefois ceci au sujet de *Thésée* : s'il est vrai que le passage consacré à la reine est explicitement ironique, il nous semble pouvoir affirmer que le récit gidien est plus généralement marqué par une touche humoristique.

D'après Bergson, il est possible de distinguer nettement ces deux notions à partir de leur mécanisme de fonctionnement. L'humour serait l'inverse de l'ironie :

> Tantôt on énoncera ce qui devrait être en feignant de croire que c'est précisément ce qui est : en cela consiste l'ironie. Tantôt, au contraire, on décrira minutieusement et méticuleusement ce qui est, en affectant de croire que c'est bien là ce que les choses devraient être : ainsi procède souvent l'humour[45].

Considérant l'ironie du point de vue de la rhétorique, Vladimir Jankélévitch souligne qu'elle se fonde généralement sur une mauvaise volonté[46]. Comme il s'agit d'une plaisanterie dirigée vers/contre l'autre, elle a toujours une cible bien définie. Le terme ironie désigne alors l'acte « se moquer de quelqu'un ». Pour Jankélévitch, l'ironie implique l'attaque, et une fois que celui-ci est porté, la satisfaction prend le relais. C'est pourquoi elle s'oppose à l'humour, qui n'est pas orienté vers l'interlocuteur mais vers le propos de l'énoncé. Pour être plus précis, l'humour est assimilable à l'ironie ouverte : il vise la compréhension réciproque et la communion spirituelle. L'ironie fermée, en revanche, ne veut pas instruire.

---

45 Henri Bergson, *Le Rire. Essai sur la signification du comique* [1923], Paris, Presses universitaires de France, 1959, p. 56. En ligne : <classiques.uqac.ca/classiques/bergson_henri/le_rire/Bergson_le_rire.pdf> [consulté le 26 août 2021].

46 Vladimir Jankélévitch, *L'Ironie*, Paris, Librairie Felix Alcan, 1936, p. 134.

Lorsqu'il est question de la reine de Crète, ou de l'harcelante Ariane, Thésée ne poursuit aucun objectif pédagogique : nous sommes dans le domaine de l'ironie fermée. Pourtant, le passage concernant la sortie du héros du labyrinthe est définitivement de nature humoristique. Il s'explique de manière très claire sur cet aspect : « Je ne pouvais cependant lui en vouloir [à Pirithoüs], sachant trop que, sans la précaution de Dédale, j'aurais sombré de même, fait chorus avec lui, avec eux [les autres membres du lot]. » (*RR*, II, p. 1010.) Bien qu'il se peigne en héros prodige, Thésée avoue – mieux vaut tard que jamais – l'aide extraordinaire que Dédale lui a offerte : « J'avais omis de raconter qu'avec le fil, Dédale m'avait remis un morceau d'étoffe imprégné d'un puissant antidote contre ceux-ci [les parfums], me recommandant instamment de l'assujettir en bâillon. » (*RR*, II, p. 1009.) Le héros se montre ici sincère, et par là, il fait preuve de gidisme.

Thésée pratique également l'autodérision. On se souviendra, par exemple, de ses gaucheries au moment de son arrivée en Crète. L'épisode se situe au chapitre V :

> Parmi tant de raffinement, je me faisais l'effet d'un sauvage et ma maladresse s'augmentait de ce qu'elle prêtait à sourire. J'avais accoutumé de mordre à même les victuailles, les portant à ma bouche avec mes doigts, et ces légères fourchettes de métal ou d'os ciselé, ces couteaux dont ils usaient pour hacher les viandes, m'étaient à manier plus lourds que les plus pesantes armes de combat. Les regards se fixaient sur moi ; et, devant converser, je paraissais encore plus gauche. (*RR*, II, p. 996-997.)

Au sujet de l'autodérision, Beaumarchais notait au XVIIIe siècle : « Je me presse de rire de tout de peur d'être obligé d'en pleurer[47]. » Dans cette perspective, le mécanisme à l'œuvre dans le Thésée gidien est à lire à la lumière des recherches d'Anna Freud sur les techniques de défense[48]. Pourquoi le héros ressentirait-il le besoin de se défendre ? Considérons que, du point de vue psychologique, l'adulte recherche toujours une forme d'harmonie entre ses émotions. C'est la raison pour laquelle le moindre

47 Voir Pierre-Augustin Caron de Beaumarchais, *Le Barbier de Séville* [1775], acte I, scène 11, Paris, Librairie Larousse, 1959, p. 29 (c'est le personnage de Figaro qui prononce ces mots). En ligne : <https://theatre-classique.fr/pages/pdf/BEAUMARCHAIS_BARBIERDESEVILLE.pdf> [consulté le 26 août 2021].

48 Anna Freud, *Le Moi et les mécanismes de défense*, Paris, Presses universitaires de France, 1949.

conflit suffit à déclencher un mécanisme de défense, qui a le but de rétablir l'équilibre perdu : « Tout acte défensif a pour objet d'assurer la sécurité du moi et d'éviter le déplaisir[49] », constate Anna Freud. Pour Thésée, c'est la peur du ridicule qui déclenche l'autodérision. Mais poussé par sa curiosité, adoptant une posture résolument moderne, le héros refuse d'entrer dans un comportement de défense, tel que l'évitement. Il décide de se lancer, prenant le risque d'être un objet de raillerie pour les Crétois. D'ailleurs, dans le prolongement de notre réflexion sur l'ironie et l'humour, il faut souligner que Thésée lui-même se méfie de l'ironie : « Il [Minos] nous observa longuement, après avoir souhaité la bienvenue sur son île, avec un sourire qui pouvait bien être ironique, étant donné que nous venions en condamnés. » (*RR*, II, p. 992.) Le héros se trouve, pendant quelques instants, dans le viseur du roi. Avec perspicacité, il reconnaît sa propre arme dans les mains d'autrui. Mais l'occasion lui est offerte bientôt de prouver, une fois de plus, sa supériorité. Patient et serein, il aura le dernier mot…

LA DIVINITÉ : FOI OU DÉRISION ?

Concernant la relation de l'écrivain avec la divinité, considérons ce qu'écrit Gérard Gautier dans un article consacré au sujet :

> L'œuvre de Gide n'est peut-être qu'un incessant débat moral, alors qu'au cours de sa vie il a dénoncé la morale traditionnelle et la lecture traditionnelle des Évangiles. L'éthique deviendra une des principales préoccupations de Gide : elle prend sa source dans le christianisme. Il la différenciait de la morale. Pour lui, la voix de la conscience se fait sans cesse entendre[50].

L'auteur ne propose pas de véritable conclusion à son article, car la position de Gide envers la divinité demeure ambivalente : l'écrivain recherche plus qu'il ne découvre, il doute de tout et n'est sûr de rien, il se pose des questions, mais n'y répond pas.

Pour en comprendre les raisons, il faut revenir à l'enfance de Gide. Celle-ci, comme le souligne Sidonie Rivalin-Padiou, « se situe aux antipodes du "vert paradis des amours enfantines", cet "innocent paradis" célébré par Baudelaire[51] ». À l'instar du poète et de bien d'autres

49 *Ibid.*, p. 65.
50 Gérard Gautier, « Christ et Dieu dans l'œuvre d'André Gide », en ligne : <http://e-gide.blogspot.com/p/ressources-en-ligne.html> [consulté le 26 août 2021].
51 Sidonie Rivalin-Padiou, *op. cit.*, p. 230.

écrivains, Gide ne regarde pas à son passé avec nostalgie, il ne considère pas ses premières années de vie comme un paradis perdu. L'enfance n'est pas cette époque heureuse que certains désirent revivre ni cet espace joyeux où on souhaite rester pour toujours. Elle est, à l'opposé, « le lieu du travestissement et de la dénaturation de l'être[52] ».

Grandi dans un milieu gouverné par une morale rigide, empreint du protestantisme que sa mère lui a inculqué, le jeune André développe très vite le sens de la tactilité. Il est un peu comme l'apôtre Thomas, qui est le seul à demander une preuve de la résurrection du Christ : il ne lui suffit pas de voir, il veut mettre son doigt à la place des clous. De son enfance à son adolescence, Gide se pose des questions existentielles et s'interroge au sujet de son rapport au divin. Cette longue période – que l'on pourrait décrire en se référant au Dieu « caché » de Lucien Goldmann ou au Dieu « muet » de Michel Bavaud – est frappée par la malédiction du silence. Elle se caractérise par un état perpétuel de rébellion, par l'impossible conciliation – souligne Robert Kanters – entre « les exigences du tempérament personnel et les exigences du Christ[53] ».

Pour simplifier, considérons ceci : plus on suffoque le besoin de connaissance de l'enfant qu'est Gide, plus le doute augmente ; plus l'information est imposée par le haut – la mère n'accepte pas que sa parole puisse être contredite –, plus le refus de cette parole même (et de la Parole en général) est radical et décidé. Le fonctionnement de l'âme humaine suit de très près celui de la physique. Il suffit en effet de considérer la troisième loi de Newton, qui porte sur les actions réciproques, pour comprendre le comportement du jeune Gide : l'oppression provoque une réponse contraire, qui est d'égale intensité et de sens opposé. Dans cette perspective, l'éducation contraignante de Juliette Gide serait un peu comme le « diable à ressort » du futur écrivain et même, pourquoi pas, celui de certains de ses personnages. Comme le souligne Bergson, auquel nous empruntons cette expression, plus le jouet est poussé vers le bas, plus il jaillit en hauteur[54]. De la même manière, plus l'éducation rétrécit la liberté d'idées du jeune André, plus il étend la sphère de ses doutes.

---

52 *Ibid.*, p. 230-231.

53 Robert Kanters, « Le demi-dieu », art. cité, p. 54.

54 Nous empruntons cette expression à Henri Bergson, *La Pensée et le mouvant. Essais et conférences* [1934], Paris, Presses universitaires de France, 1969, p. 35.

Dans l'article déjà cité, Robert Kanters souligne que le combat entre la religion et l'humanisme marque l'histoire de l'humanité et par conséquent, celle de la littérature. Dans ce contexte, il souligne l'importance de Gide :

> Si le seul combat à mort de notre temps est un combat entre la religion et l'humanisme, il nous faut examiner soigneusement le cas de cet André Gide qui se propose volontiers en exemple de l'homme nouveau, celui qui a évacué la croix du Christ et exorcisé le démon[55].

Dans *Les Nourritures terrestres*, Gide aurait voulu affirmer le triomphe de l'individu. Ce long poème en prose se présente aux yeux de Kanters comme une apologie de la joie temporelle, des bonheurs et des plaisirs de ce monde, où l'autosuffisance constitue le seul principe mouvant. C'est pourquoi il affirme sans hésiter que le combat primordial entre la religion et l'humanisme connaît chez l'auteur un seul perdant : l'Ange.

Il faut pourtant remarquer que le cas de Gide est bien plus complexe : comme le souligne Gérard Gautier, « douter de Dieu ne sépare pas de la foi[56] ». La foi et le doute sont solidaires, l'un dépend étroitement de l'autre. La question est chère à l'écrivain, au point que dans *Thésée* il n'hésite pas à y revenir à travers le personnage d'Icare. Son nom est évoqué par Dédale, qui voit en son fils « l'image de l'inquiétude humaine, de la recherche » (*RR*, II, p. 1007). Celle-ci ne connaît pas de répit : le malheur de l'homme est dans le contentement. Vivre signifie alors aspirer à vouloir toujours plus que ce qu'on a déjà. L'homme ne sait pas « où Dieu commence, et moins encore où il finit » (*RR*, II, p. 1006), mais il faut chaque jour tenter de le retrouver afin d'accéder à la vérité. C'est Icare qui prend la parole au chapitre VIII, son esprit n'ayant jamais quitté le labyrinthe :

> Comment atteindre Dieu, partant de l'homme ? Si je pars de Dieu, comment parvenir jusqu'à moi ? Cependant, tout autant que Dieu m'a formé, Dieu n'est-il pas créé par l'homme ? C'est à l'exacte croisée des chemins, au cœur même de cette croix, que mon esprit veut se tenir. (*RR*, II, p. 1005-1006.)

Devenant ici le porte-parole de Gide, Icare affirme n'avoir cherché pendant toute sa vie rien d'autre que des causes et des conséquences,

55 Robert Kanters, « Rien qu'un homme », art. cité, p. 51.
56 Gérard Gautier, « Christ et Dieu dans l'œuvre d'André Gide », art. cité.

des hasards et des finalités : « Ah, que je suis donc soûl du *donc*, du *parce que*, du *puisque* ! … du ratiociner, du déduire. » (*RR*, II, p. 1006.) Faisant preuve d'un grand savoir, il emploie ici trois conjonctions conclusives, introduites par une autre, itérative, de la même famille. Or, cette énumération prend une signification particulière : Icare ressent le besoin intérieur de s'interroger sur Dieu, car c'est lui qui guide les actions de l'homme, son comportement, ses aspirations. « Vers quoi tendre, sinon vers Dieu ? » (*RR*, II, p. 1005), songe-t-il. D'ailleurs, il convient de le rappeler ici, lorsqu'Icare choisit de s'évader du labyrinthe avec les ailes mises à point par son père, c'est qu'il souhaite se rapprocher du ciel.

Cela dit, soulignons que la sensibilité dont l'écrivain fait preuve par rapport à des problématiques qui concernent la religion, et en particulier le christianisme, est d'ordre essentiellement moral, comme le souligne Gaëtan Picon[57]. À ce sujet, Henri Bergson écrit : « L'humoriste est un moraliste qui se déguise en savant[58]. » Et justement le fantôme d'Icare apparaît dans le récit comme un savant, dont la vie a toujours été une quête inlassable de sens. Celui-ci est retrouvé, *post mortem*, dans le « terminus unique : […] Dieu » (*RR*, II, p. 1006).

L'ensemble de ces considérations nous conduit à affirmer, avec Pierre Lachasse, qu'il y a chez Gide « une prééminence de l'esthétique sur l'éthique[59] ». C'est pourquoi il nous semble que la séduisante et organisée musicalité de ses textes – dont l'écriture s'est échelonnée sur plus de cinquante ans –, a joué un rôle décisif dans la motivation de l'Académie suédoise à lui attribuer le Prix Nobel de littérature 1947.

UNE ÉCRITURE VISANT « LA VERBALISATION IMMÉDIATE »

Gide écrit *Thésée* à la fin de sa carrière littéraire. Comme l'auteur, le protagoniste du récit est arrivé à l'âge de la vieillesse. Il décide alors de raconter l'histoire de sa vie, qu'il dédie à la mémoire de son fils Hippolyte. On remarque un penchant pour la verbalisation, un désir profond de retracer le tableau d'une existence marquée par une quête identitaire. Mais en focalisant plus particulièrement l'attention sur la « verbalisation immédiate » – identifiée par Gasparini comme l'un des attributs de l'autofiction –, on s'aperçoit qu'il n'y en a pas trace dans

57 Gaëtan Picon, art. cité, p. 75.
58 Henri Bergson, *Le Rire. Essai sur la signification du comique*, *op. cit.*, p. 57.
59 Pierre Lachasse, « Le point de vue esthétique », art. cité, p. 102.

Thésée. Tout au plus, comme le souligne Céline Dhérin, on peut affirmer que le texte vise le naturel, se fonde « sur la restitution de l'instantané[60] ». La « verbalisation immédiate » caractérise, en revanche, le *Journal* de Gide, ou encore le *Journal des Faux-monnayeurs*, sans oublier *Si le grain ne meurt* ou la sotie *Paludes*.

« La vie n'est vécue que pour être lue[61] », écrit David Walker étudiant la vocation de Gide pour l'écriture : elle est pour lui l'exutoire d'une réalité parfois accablante. Et il faut bien semer le grain pour que le fruit de ses expériences mûrisse. D'où l'importance, pour Gide, d'avoir toujours un carnet à portée de main : tout peut nourrir la littérature. Le personnage d'Édouard, dans *Les Faux-monnayeurs*, lui ressemble : « [Ce nouveau carnet], sur qui j'écris ceci, ne quittera pas de sitôt ma poche. C'est le miroir qu'avec moi je promène. Rien de ce qui m'advient ne prend pour moi d'existence réelle, tant que je ne l'y vois pas reflété. » (*RR*, II, p. 291.)

À ce sujet, Hervé Bazin, écrivain angevin contemporain de Gide – influencé par la modernité de son écriture –, affirme : « Une heure après que des choses se sont passées, j'ai tendance à les noter. Après tout, Gide faisait son *Journal* jour après jour[62]. » Son travail est, pour ainsi dire, le travail de Gide, comme il avoue lui-même dans une interview donnée en 1972.

Dans le cas de *Thésée*, on l'a dit, il y a un grand décalage entre l'instant vécu et l'écriture proprement dite. Par conséquent, on ne peut pas parler de « verbalisation immédiate ». Néanmoins, on constate que l'auteur et son personnage manifestent un goût indéniable pour l'écriture. On se heurte à un paradoxe : s'il est vrai que le narrateur met l'accent sur l'oralité de son récit, qui en porte les marques visibles, il y a bien des éléments qui nous amènent à souligner le caractère « écrit » de son histoire. Dans ce sens, serait-il possible de parler de « verbalisation immédiate », au sens que Gasparini donne à ce terme ? Il nous semble de pouvoir répondre affirmativement. Le récit gidien se caractérise, certes, par l'emploi de multiples marques de l'oralité et pourtant, l'objectif de Thésée – et celui de son auteur également –, reste l'ouvrage publié,

60 Céline Dhérin, *op. cit.*, p. 1376.

61 David H. Walker, « L'écriture et le réel dans les fictions d'André Gide », dans Jean Bessière (éd.), *Roman, réalités, réalismes*, Paris, Presses universitaires de France, 1989, p. 121.

62 Isaure de Saint-Pierre, « Interview avec Hervé Bazin. "À la recherche de la démocratie familiale" », *Lectures pour tous*, nº 225, octobre 1972, p. 110.

l'ouvrage écrit, comme il l'affirme à la fin de son récit : « J'ai fait mon œuvre. J'ai vécu. » (*RR*, II, p. 1023.) Le terme « œuvre » se prête à une double lecture : au sens dénotatif, il est métaphore de la ville ; au sens connotatif, il renvoie au récit qui vient de s'achever. C'est au lecteur de décider comment l'interpréter, il est la mesure du texte. À lui revient également la tâche d'en valider l'authenticité, en dissociant le véridique de la fiction et le réel de l'imaginaire.

Revenons au principe que l'on vient d'exposer : l'écriture est l'essence de la vie, elle lui donne son sens. Pour les personnages gidiens, souvent taillés à l'image de leur auteur, écrire signifie exister, de sorte que cette activité marque chaque instant de leur journée. Leur passion se manifeste, souligne David Walker, « par le truchement de journaux, lettres, agendas, et ainsi de suite. Plus précisément, l'écriture paraît ancrer le réel dans un système de significations qui, à première vue, offre plus de prise que le vécu brut à la volonté du protagoniste[63]. » Pour les héros gidiens, il n'y a pas d'existence en dehors de l'écriture, cet exutoire de l'angoisse quotidienne. C'est probablement pour cette raison même que Gide remplit ses valises de carnets. « Tout voyageur est [...] à sa manière un écrivain », note Pierre Masson. En voyageant, « [Gide] prend conscience de son être », et le fait de prendre des notes au jour le jour lui permet de « prendre ses distances par rapport à lui et permettre la formation d'un nouvel être[64] ».

Passionné de voyages depuis sa jeunesse, Gide est toujours en mouvement : dans tout endroit et à chaque instant, il chasse de sujets qui viendront nourrir ses ouvrages futurs. Le goût pour le voyage, et pour l'errance, favorise la création. Roland Barthes a étudié ce mécanisme, en proposant une nouvelle définition de l'écrivain. Il serait à la fois un « faux travailleur » et un « faux vacancier », le porteur d'un don par nature : « On est écrivain comme Louis XIV était roi, même sur la chaise percée[65] », souligne-t-il. C'est dans cette perspective qu'il faut considérer certains textes de Gide. Citons ici, sans viser l'exhaustivité : *Notes d'un voyage en Bretagne* (1891), *Voyage au Congo* (1927), *Le Retour du Tchad* (1928), *Retour de l'U.R.S.S.* (1936), *Carnets d'Égypte* (1949). Gide

---

63 David H. Walker, art. cité, p. 121.

64 Pierre Masson, « Le voyageur et ses bagages, ou Des journaux de voyage d'André Gide considérés comme l'aboutissement d'un genre », *Littératures*, n° 5, 1982, p. 55.

65 Roland Barthes, *Mythologies*, Paris, Seuil, 1957, p. 30.

ressentait le besoin permanent de changer d'air, car le dépaysement était pour lui le moteur même de l'écriture. En quête de sujets inédits, il est en même temps à la recherche constante de nouveaux bureaux de travail. Ainsi, désireux d'un havre de paix, il se rend dans le Dauphiné, loin de l'agitation parisienne, pour écrire *Les Cahiers d'André Walter.* Après avoir vécu l'agitation de Tunis, c'est à Alger qu'il trouve la tranquillité dont il a besoin pour entamer son *Thésée* – la dédicace de l'ouvrage est très claire sur ce point.

Il n'est pas inutile d'insister sur cet aspect. À titre d'exemple, regardons de plus près la chronologie des voyages de Gide, en focalisant notre attention sur l'année 1925 :

– Février-avril : dans le midi (Hyères, « La Bastide »).
– 14 juillet : départ pour le Congo. À Dakar le 26.
– Août : Le 10 à Matadi, le 20 à Brazzaville.
– 30 septembre : à Bangui, jusqu'à la fin d'octobre.
– Début novembre à Nola, fin novembre à Abba.
– Début décembre à Bosoum, fin décembre à Fort-Archambault[66].

Les déplacements multiples de l'écrivain, et les textes qu'ils ont souvent contribué à inspirer, ont fait l'objet de maints travaux critiques. L'essai de Pierre Masson – intitulé *André Gide. Voyage et écriture* – demeure une référence sur le sujet[67].

En définitive, nous pouvons constater qu'il y a chez Gide toute une poétique du récit, qui s'enracine dans son goût insatiable pour l'écriture. Dans ses textes, il exploite le *topos* du voyage comme étape essentielle de la formation de l'individu – sur le modèle, tel est le cas de *El Hadj* (1896), du *Bildungsroman*[68]. Autrement dit, l'auteur adresse une invitation à son public : « Lisez-moi mieux ; relisez-moi[69] », souligne-t-il.

66 Pierre Masson, « Chronologie des voyages d'André Gide », en ligne sur le site gidiana.net : <http://www.gidiana.net/Voyages.htm> [consulté le 26 août 2021].

67 *Id.*, *André Gide. Voyage et écriture*, Lyon, Presses universitaires de Lyon, 1983.

68 Jocelyn Van Tuyl, « Figurations du voyage dans *El Hadj* », *BAAG*, n° 128, octobre 2000, p. 481. L'original anglais a été publié dans l'*Australian Journal of French Studies*, n° 32, mai-août 1995, p. 176-186.

69 *Divers*, Paris, Gallimard, 1931, p. 62.

LA RECONFIGURATION DU TEMPS LINÉAIRE

Selon Philippe Gasparini, la « reconfiguration du temps linéaire » représente l'un des dix critères à respecter pour que l'on puisse qualifier un texte d'autofiction. Cette reconfiguration peut être « par sélection, intensification, stratification, fragmentation [ou] brouillages[70] ». Dans son *Thésée*, Gide fait appel à la mythologie grecque et choisit de mettre en scène un personnage issu des légendes classiques. Il réécrit le mythe dans un style résolument moderne, qui dans le choix de la fragmentation le gage de son originalité.

Avant toute autre considération sur le sujet, il faut constater que le récit gidien est organisé dans le respect de la continuité discursive, interrompue seulement par les guillemets du discours direct. Du point de vue graphique, donc, le texte n'est pas fragmenté : pas de blancs ou de « pieds de mouche », ni d'autres signes typographiques signalant la discontinuité.

Tout de même, dans un souci d'organisation et de rigueur, Gide divise son texte en douze chapitres : chacun marque l'accomplissement d'une étape sur le chemin de vie du héros. Et il n'est pas anodin de constater qu'il y a douze mois de l'année, que l'alexandrin a douze syllabes, que le *Credo* religieux a douze vers. Sans oublier qu'il y a douze constellations du zodiaque et douze titan.ide.s, engendré.e.s par le couple primordial Gaïa et Ouranos (Thémis, Phébé, Céos, Cronos, Crios, Mnémosyne, Océan, Téthys, Japet, Hypérion, Théia et Rhéa). Cela rapproche Thésée de l'Olympe mythologique et le consacre d'emblée comme le fils de Poséidon.

Mais il convient de mentionner ici également les douze travaux d'Hercule, que le héros est censé accomplir en échange de son immortalité. En voici la liste : étoffer le lion de Némée ; tuer l'hydre de Lerne et les oiseaux du lac Stymphale ; ramener vivant le sanglier d'Érymanthe ; capturer la biche de Cérynie et les cavales de Diomède ; nettoyer les écuries d'Augias ; dompter le taureau de l'île de Crête ; rapporter la ceinture d'Hippolyte et les pommes d'or du jardin des Hespérides ; vaincre le géant Géryon ; descendre aux Enfers et enchaîner Cerbère. À l'instar d'Hercule, le héros gidien est censé accomplir, lui aussi, ses douze travaux. Il commence à l'âge de l'adolescence, lorsqu'il doit soulever le rocher

70 Philippe Gasparini, *op. cit.*, p. 209.

afin de découvrir les armes cachées par Poséidon (1). S'engageant à tuer le Minotaure, dans son chemin vers la Crète, il est censé combattre les « noirs bandits » (*RR*, II, p. 991) : Sinnis (2), Périphétès (3) et Cercyon (4) ; avec Scyron (5), on le sait, il commet une « légère erreur » (*RR*, II, p. 991). À la cour du roi Minos, Thésée doit plonger dans l'eau pour prouver sa descendance divine (6) et accomplir le but de libérer la Grèce du fardeau imposé par le roi en tuant le Minotaure (7). À tout cela, il faut ajouter les sacrifices payés par Thésée pour devenir le roi de son peuple, sacrifices qui lui permettent de se situer dans la lignée d'Hercule : la mort d'Égée (8), celle de Phèdre (9) et de son fils Hippolyte (10), de même que la perte de Pirithoüs (11) et l'« infâme abandon » (*RR*, II, p. 1014) d'Ariane sur l'île de Naxos (12). C'est dans cette perspective qu'il est possible de considérer le *Thésée* gidien comme un *Bildungsroman*, voire un récit d'apprentissage construit par étapes successives, que le néophyte traverse en vue d'achever son processus instructif.

UNE STRATÉGIE D'EMPRISE DU LECTEUR

Le protagoniste du *Thésée* gidien affirme : « Et la foudre de Zeus, *je vous le dis*, un temps viendra que l'homme saura s'en emparer de même, ainsi que Prométhée du feu. » (*RR*, II, p. 989, nous soulignons.) Poursuivant le but de maintenir l'attention de son lecteur en éveil, Gide respecte l'une des règles fondamentales de l'autofiction. On sait bien d'ailleurs que l'auteur exige de son public la plus grande attention : « Tant pis pour le lecteur paresseux, j'en veux d'autres », écrit-il dans un passage célèbre du *Journal des Faux-monnayeurs*, cité par Pierre Lachasse[71]. Tout au contraire, le texte gidien invoque la participation du lecteur, défini par Dominique Maingueneau en tant qu'« instance à laquelle le texte s'adresse explicitement comme à son destinataire[72] ».

À ce propos, dans sa réflexion sur les différentes typologies d'*incipit* romanesque, Andrea del Lungo affirme que les adresses directes du narrateur à son destinataire sont la preuve d'un besoin intense de légitimation du récit[73]. Dans *Thésée*, le protagoniste s'adresse au lecteur, et lui adresse son texte, parce qu'il cherche une confirmation de l'authenticité de son

71 Pierre Lachasse, « *Thésée*, le labyrinthe du récit », art. cité, p. 243.

72 Dominique Maingueneau, *L'Énonciation littéraire* [1990], t. II : *Pragmatique pour le discours littéraire*, Paris, Dunod, 1997, p. 30-32.

73 Andrea del Lungo, *L'*Incipit *romanesque*, *op. cit.*, p. 255.

histoire. De même fait Gide lui-même, comme le souligne Rosa-María Pérez Castañeda dans son analyse : « Gide [...] a toujours été soucieux d'être accepté par le lecteur avisé. L'unique salut [...] est précisément de se sentir compris par quelqu'un[74]. »

On remarque donc que Gide se préoccupe d'embarquer le lecteur dans le monde qu'il a créé. Et ce n'est pas tout : de temps en temps, il l'invite à prendre part à l'histoire qui est en train de se dérouler sous ses yeux. Le soin dont l'auteur fait preuve pour accompagner son lecteur s'explique aussi par l'objectif qu'il s'est proposé : rédiger un texte bien organisé, construit en accord avec les règles de l'esthétique littéraire. C'est pourquoi, en dehors de la structuration en chapitres – censés introduire chaque fois une nouvelle étape dans la vie du personnage –, le narrateur s'engage à bien signaler le début de chaque moment important de son discours. Il y a des phrases au futur simple, employés plutôt avec une valeur de futur proche, dont le but est de souligner l'écart entre le présent de la narration et le passé de l'histoire. Par exemple : « Je raconterai, par la suite, ce qui fut le deuil de ma vie. » (*RR*, II, p. 990.) Par cette reconfiguration du temps linéaire, le narrateur réclame l'attention active de son lecteur, sollicité de manière constante tout au long du récit.

Dans des circonstances similaires, le narrateur tient également à prévenir son « compagnon de voyage » du fait que parfois les événements peuvent être difficiles à suivre : « Je la [cette aventure admirable] dois relater longuement. [Fin du chapitre II / début du chapitre III] C'est très compliqué, cette histoire. » (*RR*, II, p. 991.) Le lecteur est invité à s'efforcer de suivre le fil du discours tissé par le narrateur, et cela avec toute son attention. C'est ainsi que, impliqué au cœur d'une histoire dont il est également acteur, il devient un vrai interlocuteur du héros-narrateur.

Dans son récit, Thésée brosse le portrait de ceux et celles qu'il a rencontré.e.s tout au long de son parcours. Il le fait avec la méticulosité d'un peintre et le soin d'un analyste. Ainsi, lorsqu'il parle avec Dédale, Thésée tient à signaler ceci : « Il est de très haute stature, non courbé malgré son âge; porte une barbe [...] longue [...]. Son front vaste est coupé de profondes rides horizontales. Ses sourcils broussailleux couvrent à demi son regard » (*RR*, II, p. 1001). Mais afin de compléter ce portrait

74 Rosa-María Pérez Castañeda, « La fonction thérapeutique de l'écriture de Gide », dans Christine Armstrong, Jocelyn Van Tuyl (éd.), *Gide en Floride*, actes du colloque de Sarasota [2001], *BAAG*, n°s 131-132, juillet-octobre 2001, p. 405.

physique, c'est l'analyste qui intervient, car Thésée remarque que son interlocuteur a « le parler lent [et] la voix profonde » (*RR*, II, p. 1001). Il décide ensuite d'informer son lecteur des conclusions qu'on peut en tirer : « L'on comprend que lorsqu'il se tait, c'est pour penser. » (*RR*, II, p. 1001.) C'est comme s'il s'adressait directement à son lecteur, en s'identifiant partiellement à lui – « *vous* devez comprendre que lorsqu'il se tait, il le fait pour penser ».

C'est pourquoi, poursuivant le but de bien se faire comprendre par son lecteur, le narrateur – et ses personnages également – ne craint pas de se répéter. Citons cet exemple :

> Il [Icare] se tut un instant, puis reprit : [...]
> Il se tut encore, puis reprit, d'une voix haletante, angoissée : [...]
> Il se tut un instant, puis reprit : [...]. (*RR*, II, p. 1005-1006.)

Si le passage en question permet de confirmer notre hypothèse de départ – à savoir que l'on est bien dans le cadre d'un récit autofictif –, il nous offre également l'occasion de souligner qu'il serait erroné de considérer la répétition comme un stratagème employé par le narrateur pour faciliter le lecteur. Objet de réflexion par la critique littéraire, le sujet a attiré l'attention de Raymond Queneau : « Pourquoi ne demanderait-on pas un certain effort au lecteur ? On lui explique toujours tout, au lecteur. Il finit par être vexé de se voir si méprisamment traité, le lecteur[75]. » Dans *Thésée*, le personnage de Dédale se fait le porte-parole de l'auteur sur le sujet. Quand il rencontre le héros, il insiste longuement sur les obstacles qu'il devra surmonter pour vaincre le Minotaure. « [J]'ai donc imaginé ceci : relier Ariane et toi par un fil », affirme-t-il, et quelques lignes plus loin : « [Il] te faut t'attacher à Ariane par un fil » (*RR*, II, p. 1004 et p. 1008). À la fin de son discours, il admet lui-même l'inutilité de cette répétition : « Je ne sais pas pourquoi j'insiste tant, car tout cela est simple comme bonjour. » (*RR*, II, p. 1008.) Plus loin, au sujet de la mort d'Égée, Thésée même affirme : « J'ai déjà touché quelques mots de cela ; je n'aime pas y revenir. » (*RR*, II, p. 1013-1014.)

Tout bien considéré, on peut donc affirmer que le narrateur s'adresse de manière constate et régulière à son lecteur, mais ne souhaite nullement

75 Raymond Queneau, *Gueule de pierre*, Paris, Gallimard, 1934, sans p. [texte de la quatrième de couverture].

le déposséder de son rôle. Il y a bien deux entités qui peuplent le récit, et plus généralement, l'univers poétique gidien : le narrateur et le lecteur, liés par un rapport de dépendance réciproque. C'est la raison pour laquelle, dans *Thésée*, les interventions du personnage-narrateur ne sont jamais suffocantes. Faisant preuve d'une grande modernité, Gide ne souhaite imposer aucune idée à son public. Tout au plus, comme l'observe Daniel Moutote, « il la propose à l'attente et à l'attention du lecteur[76] ». Destinataire unique de son projet, le lecteur est laissé libre d'avoir le dernier mot. Cela nous permet de prouver, une fois de plus, que le *Thésée* gidien appartient au genre de l'autofiction tel que l'ont défini Serge Doubrovsky et Philippe Gasparini.

Revenant à nos considérations sur le caractère autobiographique du récit, il nous semble utile de souligner ici que la critique est divise sur le sujet. D'après Gaëtan Picon, il n'y a pas identité entre Gide et Thésée – ce que nous avons souligné –, mais le choix du personnage ne peut pas être entièrement le fruit du hasard : « Je ne veux pas dire que Gide s'identifie consciemment et pleinement à Thésée. Mais je ne crois pas non plus que Thésée corresponde seulement à l'une de ses mille possibilités contradictoires[77] », affirme-t-il. C'est la raison pour laquelle nous avons étudié le texte en fonction de la définition d'autofiction donnée par Doubrovsky. Arrivé au crépuscule de sa vie, quel meilleur refuge que celui de s'inventer une nouvelle vie ? Quel autre moyen de vaincre la peur de la mort qu'une fugue dans le passé mythologique de la Grèce ? Nécessairement fugace, cette escapade dans le monde des dieux n'est pas en mesure d'assurer l'immortalité. Mais peut-être que par sa grandeur, l'œuvre pourra la garantir, comme semble l'indiquer la phrase qui clôt le récit et que nous prenons le risque de citer une nouvelle fois : « J'ai fait ma ville. Après moi, saura l'habiter immortellement ma pensée [...]. J'ai fait mon œuvre, j'ai vécu. » (*RR*, II, p. 1023.) À mi-chemin entre le combattant et le roi se trouve, tel que le souligne Pierre Brunel, le créateur : « Et puis ce constructeur de palais, ce fondateur de villes était un artiste qui put trouver, lui aussi, le temps trop court pour l'achèvement de son œuvre. Il laissa à d'autres le soin de lui construire un tombeau[78]. »

---

76 Daniel Moutote, « *Corydon* en 1918 », art. cité, p. 20.
77 Gaëtan Picon, art. cité, p. 74.
78 Pierre Brunel, *Mythocritique. Théorie et parcours*, *op. cit.*, p. 127.

Il faut « traiter la littérature comme littérature[79] », écrit Tzvetan Todorov dans *Poétique de la prose* : tout texte demeure, en fin du compte, une œuvre d'art. Laissons Pierre Lachasse s'exprimer sur ce sujet :

> La confusion entre auteur réel et narrateur fictif, en suggérant que pour un moderne le mythe n'est rien d'autre qu'un habile prétexte, tend à nier à l'écrivain toute capacité à créer ou à inventer. Ni autobiographie stylisée, ni plus ni moins que *L'Immoraliste* ou *La Porte étroite* en tout cas, ni simple apologue ni *ultima verba*, malgré son évident caractère testamentaire qu'il serait vain de contester, encore qu'il faille en préciser la véritable nature, *Thésée* doit avant tout être lu comme un récit et reconnu dans sa littérarité. Ainsi seulement pourront être déterminées son importance esthétique et sa place dans une poétique gidienne[80].

Au cours de l'analyse, nous avons délibérément laissé de côté deux points de la liste établie par Gasparini : l'« engagement à ne relater que des "faits et événements strictement réels" » et « la pulsion de "se révéler dans sa vérité" ». Il est temps à présent de les considérer avec attention : la question de la sincérité est au cœur de l'œuvre de Gide, elle concerne l'auteur dans son rapport à lui-même et à ses personnages, comme nous nous efforcerons de montrer dans ce qui suit.

LA SINCÉRITÉ : UNE MORALE GIDIENNE

Le style de Gide est marqué par un fort désir de franchise, une valeur qui assume souvent une connotation morale (et cela pour ses personnages également). Mais ses héros agissent parfois de manière inexplicable, raison pour laquelle la critique a mis l'accent sur un concept cher à l'auteur : celui d'acte gratuit. Le terme sert à décrire une action immotivée, qui n'a pas de cause intrinsèque ou extrinsèque, comme l'explique Gide lui-même dans *Paludes* : « Il me semble […] que ce que vous appelez acte libre, ce serait, d'après vous, un acte ne dépendant de rien ; suivez-moi : détachable – remarquez ma progression : supprimable, – et ma conclusion : sans valeur. » (*RR*, I, p. 284.) Quelques années plus tard, dans *Le Prométhée mal enchaîné*, il revient sur cette idée : « […] gratuit : un acte qui n'est motivé par rien. Comprenez-vous ? intérêt, passion, rien. L'acte désintéressé ; né de soi ; l'acte aussi sans but ; donc sans

79 Tzvetan Todorov, *Poétique de la prose*, Paris, Seuil, 1971, p. 129.

80 Pierre Lachasse, « *Thésée*, le labyrinthe du récit », art. cité, p. 225.

maître ; l'acte libre » (*RR*, I, p. 472). Gide met l'accent sur le caractère indépendant du geste, ce qui est à mettre en rapport, au sujet de son esthétique, avec la notion de sincérité :

> Contraint à la dissimulation, prisonnier d'un amour idéal, sans doute a-t-il [Gide] souvent menti, mais sincèrement. Ses actes, dans l'instant même qu'il les accomplissait, répondaient à un besoin précis qu'il faut bien appeler sincérité, que ce soit celle du corps ou celle de l'âme. Rien ne rend plus vulnérable que de dire qui l'on est, lorsqu'on le dit trop. Le lecteur, à la longue, risque d'y croire[81].

Dire tout (et ouvertement) est pour Gide un devoir intérieur : il doit être lui-même pour être libre, pour fuir le mensonge et l'hypocrisie. Dès son enfance, il a été tiraillé entre deux univers : celui de la famille – dominé par une morale contraignante – et celui de ses désirs. Ce sera seulement à l'âge de la maturité, grâce également à son ami Oscar Wilde, qu'il réussira à trouver sa voie, suivant le penchant naturel de son esprit[82].

Cette complexité de l'être gidien se manifeste tout particulièrement dans le *Journal*, où il se livre tout entier dans un effort de sincérité et de lucidité. Dans ces pages – comme dans *Si le grain ne meurt* également –, il montre le dessous de son âme, les nuances et les sursauts de sa conscience. Et si jamais la contradiction s'insinue dans ses œuvres, celle-ci n'est qu'une preuve supplémentaire de la sincérité de l'artiste :

> Les contradictions, qu'on souligne souvent avec malignité, apparaissent surtout lorsque, dans ses œuvres de *fiction relative*, Gide éclaire tour à tour, sans divers masques, *des pans entiers de sa vie morale*[83].

Ressentant en premier « sa propre complexité et l'imprévu de ses attitudes », Gide affirme en 1909 : « On ne tracera pas aisément la courbe de ma vie morale. » Et plus tard, en 1924, lorsqu'il se rend compte que « chacun de ses livres se retourne contre les amateurs du précédent », il déclare : « Cela ne leur apprendra à ne m'applaudir que pour le bon motif et à ne prendre chacun de mes livres que pour ce qu'il est : un œuvre d'art[84]. »

---

81 *AG*, p. 185.
82 Claude Martin, *André Gide par lui-même*, Paris, Seuil, 1963, p. 12-15.
83 André Lagarde, Laurent Michard (éd.), *op. cit.*, p. 262. Nous soulignons.
84 *Ibid.*

OCCURRENCES DANS LE TEXTE

Dans les textes de Gide, les personnages essaient de différentes manières de prouver la sincérité de leurs propos. Dans le cas de *Thésée*, on constate aisément que les déclarations du protagoniste sont parfois contradictoires, et cela dès l'*incipit*, analysé dans les pages précédentes du présent travail sous une autre lumière. Se proposant de raconter son histoire dans le but d'instruire son fils Hippolyte, Thésée ne cache pas à son lecteur la mort de celui-ci : « [...] mais il n'est plus » (*RR*, II, p. 987). Au fond, Thésée raconte son histoire pour d'autres raisons que celle annoncée, qui est d'ordre moralisateur et pédagogique. Faisant preuve d'un certain égotisme, qu'il ne parvient pas à cacher, Thésée confesse en outre qu'il n'aurait jamais raconté l'histoire de ses amours devant son fils. À quelques pages de distance, dans un moment de sincérité, il s'attaque à ce sujet tabou, à commencer par l'aveu de son penchant adultérin : « En fait de femmes, je n'ai jamais su me fixer. » (*RR*, II, p. 988.)

Ce souci de liberté, sur lequel le protagoniste du récit revient avec insistance, a été affirmé à plusieurs reprises par Gide lui-même, comme nous l'avons souligné. Cette préoccupation est depuis toujours centrale pour l'auteur, qui charge ses personnages d'exprimer ses pensées. Thésée ne fait pas exception : le protagoniste se définit comme un Don Juan moderne, un séducteur infidèle qui « n'a jamais su » accepter la stabilité du bonheur conjugal. « [...] de femmes je n'ai jamais pu ni voulu me priver » (*RR*, II, p. 990), confesse le protagoniste. Mais ce refus de l'enracinement glisse vers ce que Maurice Henrie appelle « peur d'engagement », qu'il faut considérer en rapport avec la notion de disponibilité étudiée précédemment[85].

Par excès de sincérité, parfois le héros se trahit : Thésée a un caractère orgueilleux, et une haute opinion de lui-même, comme il apparaît à la lecture du portrait qu'il dessine de lui-même dans les premières pages du récit. Il se définit par ses qualités : le bon sens, la volonté, l'ambition et le courage, « qui [le] pousse aux entreprises hardies » (*RR*, II, p. 990). Sur le chemin vers Athènes, il découvre la force de son bras et de son cœur (*RR*, II, p. 991). Mais il est vrai qu'il n'oublie pas de mentionner ses faiblesses également : « Pitthée, Égée, étaient beaucoup

85 Maurice Henrie, *Le Mythe de l'acte gratuit chez André Gide*, thèse de doctorat, University of Ottawa (Ottawa), 1969, p. 229.

plus intelligents que moi » (*RR*, II, p. 990). Toujours dans un souci de sincérité, Thésée révèle même ses tricheries : citons, en guise d'exemple, le chapitre IV – il dissimule sous sa ceinture des pierres précieuses, qui lui servent pour prouver ses origines divines –, et le chapitre I, lorsqu'il est question du « fatal oubli » (*RR*, II, p. 988) qui a causé la mort d'Égée. « Mais à vrai dire, et si je m'interroge, ce que je ne fais jamais volontiers, je ne puis jurer que ce fût vraiment un oubli » (*RR*, II, p. 989), avoue le héros. Avec la mort du roi son père, Thésée est de droit le souverain d'Athènes : est-il responsable du drame ou pas ?

Poursuivant le but de ne rien cacher à son lecteur, au-delà de ses propres tricheries, le héros gidien dénonce également les irrégularités du pays qu'il habite. Comme on l'a vu, sept jeunes hommes et sept jeunes filles doivent chaque année « satisfaire [les] appétits du Minotaure » (*RR*, II, p. 991). Les victimes, souligne Thésée, sont choisies au hasard, mais non sans ironie, il tient à préciser ceci : « Or, cette année-là, je venais de rentrer en Grèce. Encore que le sort m'eût épargné (il épargne volontiers les princes), j'exigeai de faire partie du lot, nonobstant la résistance du roi mon père… » (*RR*, II, p. 991-992.)

Parfois la sincérité de Thésée se caractérise par une tournure humoristique, presque macabre. En énumérant les monstres et les brigands tués sur le chemin d'Athènes, par exemple, le protagoniste confond Géryon avec Scyron : « J'ai même, en ce temps, commis une légère erreur en la personne de Scyron, un très digne homme, semble-t-il, de bon vouloir et très serviable aux passants ; mais, on ne m'en avisa que trop tard » (*RR*, II, p. 991).

Dans d'autres cas similaires, la sincérité du personnage devient source de comique. C'est le cas de la description du repas à la cour du roi Minos : « Ariane me pressa du genou sous la nappe ; mais c'est surtout la chaleur que dégageait la jeune Phèdre qui me troublait » (*RR*, II, p. 997), confesse Thésée. Ne ressentant aucun intérêt pour Ariane, le protagoniste ridiculise ses tentatives d'attirer son attention et n'a des yeux que pour la belle et jeune Phèdre.

Quelques pages plus loin, plongeant dans la mer afin de prouver son origine divine et son héroïsme, Thésée fait preuve de faiblesse, défaut qu'il ne souhaite pas cacher à son lecteur. C'est ainsi que, sorti de l'eau, il participe au festin organisé par le roi Minos et « mal ressuyé du mal de mer », il mange beaucoup et boit « plus encore de divers vins et de liqueurs, qu'on [lui sert] en abondance ». En toute sincérité, il avoue que les effets de l'alcool n'ont pas tardé à se manifester : « [...] je n'ai pas accoutumé de boire, que de l'eau ou du vin coupé. Près de perdre contenance et tandis que je pouvais encore me dresser, je demandai la permission de sortir. [...] [J'ai] abondamment vomi » (*RR*, II, p. 997-998). Le héros gidien ne cache aucun détail de son histoire, bien que son comportement risque parfois de mettre en doute l'authenticité de son héroïsme.

Thésée ne dissimule jamais ses manques au lecteur. En revanche, il n'est pas complètement sincère avec les personnages qui peuplent son récit. C'est le cas d'Ariane, à laquelle il dissimule verbalement son égotisme. « Où que tu ailles, je te suivrai », promet la jeune fille, une affirmation qui pousse le protagoniste à la réflexion : « C'est ce que nous verrons, pensai-je. » (*RR*, II, p. 1001.) Son projet nous apparaît clair et simple : Thésée accepte l'aide d'Ariane, essentielle à lui garantir une voie de sortie du labyrinthe, mais, une fois atteint son objectif, il n'a aucune intention de partager sa vie avec elle. Le moment venu, il n'hésite pas à la considérer *persona non grata*. Une fois de plus, il fait ainsi preuve d'un pragmatique cynisme, comme le souligne Céline Dhérin : « Aucun remords, aucun scrupule, mais l'explication logique de la seule voie possible : celle de la liberté[86]. »

Arrêtons-nous quelques instants encore sur ce tableau « romantique », et en particulier, sur le baiser qu'Ariane donne à Thésée avant qu'il entre dans le labyrinthe. « [Elle] tint ses lèvres collées aux miennes durant un temps qui me parut interminable. Il me tardait d'avancer » (*RR*, II, p. 1009), affirme le héros. À l'instar de Bernard Profitendieu – l'un des personnages des *Faux-monnayeurs* –, qui n'éprouve aucun plaisir dans les bras de Sara, Thésée est dégoûté par l'amour d'Ariane : le serrant contre elle, elle le ralentit, elle lui fait perdre du temps précieux. On comprend aisément que le héros quitte ici les habits du séducteur pour endosser ceux du souverain : il est pressé de prouver toute son ardeur et son talent.

Étudiant la réaction de Thésée au geste d'Ariane dans une autre perspective, on s'aperçoit qu'une certaine misogynie se fait jour. D'autres œuvres de Gide en gardent la trace. Citons en guise d'exemple cet extrait des *Nourritures terrestres*, où Ménalque se compare justement à Thésée : « Le souvenir du passé n'avait de force sur moi que ce qu'il en

86 Céline Dhérin, *op. cit.*, p. 1372.

fallait pour donner à ma vie l'unité : c'était comme le fil mystérieux qui reliait Thésée à son amour passé, mais ne l'empêchait pas de marcher à travers les plus nouveaux paysages. » (*RR*, I, p. 381.) Personnification du devoir, Ariane est réduite à sa fonction : tenir le fil miraculeux qui va aider Thésée à sortir du labyrinthe. Les mots de Dédale confirment cette interprétation : « J'ai donc imaginé ceci : relier Ariane et toi par un fil, figuration tangible du devoir. » (*RR*, II, p. 1004.) Abandonnée par le héros sur l'île de Naxos, elle n'est que le pilier, le « point d'appui[87] » – comme l'écrit Louis Parrot – sur lequel repose le succès de l'entreprise du héros. La fin justifie les moyens : tout sacrifice est pour Thésée justifiable, et justifié, dans le but d'atteindre son propos.

Il faut pourtant considérer que, si le héros repousse Ariane, il le fait également en raison de l'amour profond qu'il éprouve pour Phèdre, sa future femme. Un sentiment qui est destiné à durer, comme l'affirme Thésée lui-même, louant l'incontestable beauté de la fille de Minos : « Or déjà je me faisais vieux, et Phèdre restait extraordinairement jeune. Elle m'aimait peut-être encore, mais comme on aime un père. » (*RR*, II, p. 1019.) Si Thésée semble avoir bien choisi sa compagne de vie, en faisant preuve de perspicacité, les faits le démentent. Une fois appris l'adultère de sa femme, il se laisse guider par la jalousie : Thésée choisit de se venger en demandant que les dieux interviennent pour punir l'infidélité de Phèdre. Le héros demande justice sans tenir compte, une fois de plus, de l'importance des liens familiaux.

Entré dans le labyrinthe avec le seul but de vaincre le monstre et ainsi libérer son peuple, Thésée n'hésite pas à déclarer son admiration pour le Minotaure. Encore une fois, il fait preuve de sincérité : « [...] le monstre était beau. » (*RR*, II, p. 1009.). Cet aveu confirme qu'il y a bien des analogies entre Thésée et Édouard, le personnage des *Faux-monnayeurs*. Chez le premier, néanmoins, le penchant homosexuel demeure latent et réfréné.

La notion de sincérité nous a servi de guide tout au long de l'analyse. Selon les mots d'Alain Goulet, elle s'affirme comme le but ultime que le « Moi inquiet » de l'auteur s'efforce d'atteindre. Elle représente donc pour Gide un « idéal[88] » à la fois esthétique et moral. Dans ce dernier

87 Louis Parrot, « Le secret de Thésée », *BAAG*, n° 27, juillet 1975, p. 32.

88 Alain Goulet, « Jeux de miroirs paludéens : l'inversion généralisée », *BAAG*, n° 77, janvier 1988, p. 24.

sens, elle est susceptible d'être considérée comme une loi marquant le cours de la civilisation : l'homme authentique, le seul capable de progrès, n'est que l'homme sincère[89]. Thésée est cet homme sincère : dans son récit, il n'expose pas seulement les événements susceptibles d'améliorer son image, mais dévoile ouvertement ses faiblesses, libre de toute contrainte sociale, éthique ou religieuse. La sincérité apparaît ainsi fortement liée à l'égotisme d'une part et à la disponibilité de l'autre. C'est sur ce concept que nous allons nous attarder à présent.

LA DISPONIBILITÉ[90]

Liée à la sincérité, la disponibilité suppose une manière particulière de vivre : pour s'attacher à tout, il faut renoncer et s'opposer à tout (famille, société, amis). Comme il apparaît clair à la lecture des *Nourritures terrestres*, pour Gide la disponibilité implique un désir de liberté que l'homme n'éprouve qu'au moment où il n'est plus prisonnier de son temps. Tout rapport entre le passé et l'avenir est rompu :

> N'être attaché à rien donne la possibilité de nous attacher à tout, d'être disponibles à chaque nouveauté. [...] La curiosité oblige l'être gidien à vivre dans le présent, à le savourer, car dans le présent il a la révélation de soi par l'intermédiaire des sens. Dans ce sens on peut comprendre la notion d'*immoraliste*[91].

La disponibilité de vivre suppose une curiosité permanente de l'être. Étant construits à l'image de leur créateur – une question sur laquelle la critique s'est interrogée[92] –, tous les héros gidiens sont curieux : « Les

89 *AG*, p. 185.

90 Nous reprenons ici des idées qui ont fait l'objet d'une publication antérieure : « *L'Immoraliste* ou l'acte créateur gidien », dans Diana-Adriana Lefter (éd.), *L'Immoralisme gidien*, actes du colloque de Piteşti [2012], Craiova, Universitaria Craiova, 2013, p. 63-79.

91 Yvonne Goga, *op. cit.*, p. 53-54.

92 Et pourtant, toute acte littéraire n'est pas une *mimesis*, mais une re-création : « Gide incarne dans un héros inattendu un autre aspect de sa personnalité. Isolée, cette image fragmentaire lui devient *sujet d'étude curieuse* et, comme il l'a dit lui-même, le roman lui est alors *plus qu'une autobiographie* : il s'en détache parce qu'une partie de son être *est devenue personnage*. Il peut donc à bon droit parler d'*intention critique* à propos de tel

curiosités de ces héros aboutissent ou avortent, traversent les labyrinthes ou s'y perdent, aspirent au ciel et le gagnent, ou chutent en se brûlant les ailes[93] », remarque Jean-Jacques Thierry. Lucide dans ses jugements, l'auteur s'efforce de comprendre d'un seul regard son interlocuteur. De même font ses personnages, dont la rapidité de la raison peut surprendre. C'est le cas des *Faux-monnayeurs*, roman qui se conclut sur cette phrase d'Édouard : « Je suis bien curieux de connaître Caloub. » (*RR*, II, p. 466.)

Au sujet de la disponibilité de Thésée, il convient de souligner que, dans la vision de Gide, la curiosité demande une prédisposition à la mobilité. Celle-ci caractérise tout particulièrement la jeunesse, qui est l'âge de la quête par excellence. L'auteur lui-même, observe Jean-Jacques Thierry, s'est préoccupé de « chercher » pays par pays, âme par âme, rêve par rêve, son identité. Il est allé loin pour se libérer du poids de l'éducation reçue et obtenir sa liberté[94]. À ce propos, citons les mots de Jean-Yves Tadié :

> Si, dans le mouvement, le récit poétique est celui d'une quête ; si son temps est immobile ; sa structure circulaire ou discontinue [...] ; son espace, valorisé, manichéen, alors la lecture des symboles nous confirme que cette quête, ce temps et cet espace sont ceux d'un paradis perdu. S'il a disparu, le récit le ressuscite. [...] Certains récits insistent sur le paradis perdu. D'autres, sur sa perte[95].

Comme on l'a déjà souligné, Thésée n'est pas en quête du « paradis perdu » de son enfance. D'ailleurs, s'il y a une poétique de l'espace chez l'écrivain, le héros de son récit ne prend pas le chemin du passé. Il cherche en revanche de créer les conditions pour créer le paradis sur terre : il a cœur la vie des habitants d'Athènes, lieu qu'il chérit plus que tout. C'est à la cour du roi Minos que Thésée, « fils de la Grèce » (*RR*, II, p. 1003), sort pour la première fois de son existence routinière et éprouve les bénéfices du dépaysement : « J'étais hellène, et me sentis dépaysé » (*RR*, II, p. 996), se souvient-il. En dehors de sa zone de confort,

---

personnage avec lequel on veut le confondre et déclarer "qu'à la seule exception de [ses] *Nourritures terrestres*, tous [ses] livres sont des livres ironiques" : chacun des êtres qu'il a animés prend ainsi, par rapport à lui-même, la *souveraine distance qu'établit la création artistique.* » André Lagarde, Laurent Michard (éd.), *op. cit.*, p. 262. Nous soulignons.

93 *AG*, p. 183.

94 *Ibid.*, p. 184-185.

95 Jean-Yves Tadié, *Le Récit poétique*, Paris, Gallimard, 1994, p. 164-165 et p. 197.

du *locus amoenus* de sa terre natale, Thésée s'étonne de l'étrangeté du paysage crétois et plus généralement, des us et des coutumes de l'île, où sa maladresse le fait passer pour un sauvage.

Et pourtant, Thésée demeure un être en mouvement, il rêve de s'attacher à tout ce qui l'entoure et pour cela, il se voit disposé à renoncer à tout. Le lecteur ne peut donc qu'admirer la disponibilité spontanée du jeune héros, qui, guidé par sa curiosité de connaître le monde, se voit prêt à quitter son foyer : « [J]'étais fort curieux de la Crète, d'où nous parvenaient en Attique, sans cesse, de beaux, riches et bizarres objets. Je partis donc, m'étant joint aux treize autres, dont mon ami Pirithoüs. » (*RR*, II, p. 992.) Incarnant la typologie du bâtard aventurier, Thésée se déracine, terme qui possède un sens particulier dans le lexique gidien : il ne coupe pas ses attaches, mais les emporte avec lui, sans se laisser entraver par elles.

En même temps que Thésée décrit la soif de liberté qui a caractérisé sa jeunesse, il réfléchit sur la fragilité de la vie, en pensant avec mélancolie à la perte d'Hippolyte. Le père et le fils, nés tous les deux à la cour, chérissent plus que tout l'insouciance heureuse de l'adolescence : « J'étais le vent, la vague. J'étais plante, j'étais oiseau » (*RR*, II, p. 987), affirme Thésée. À l'instar de son auteur, il est un amoureux de la vie et de la nature vierge, qu'il vénère depuis l'enfance : « J'ai caressé des fruits, la peau des jeunes arbres, les cailloux lisses des rivages, le pelage des chiens, des chevaux, avant de caresser les femmes. » (*RR*, II, p. 987.) On se souvient, à ce propos, d'une exclamation célèbre de l'auteur, citée par Peter Schnyder : « Je trouve détestables ceux qui n'aiment pas la vie[96]. » Si l'on considère l'œuvre fictionnelle de Gide, on s'aperçoit qu'il s'agit d'une attitude contagieuse. En effet, Thésée est un personnage désireux de liberté, qui vit de et dans l'errance – le seul moment où il se sent calme, rappelons-le, c'est lorsqu'il revient à Athènes, la Terre-Mère. « Mon malaise se dissipa dès que je fus à nouveau dans l'air libre » (*RR*, II, p. 999), affirme-t-il sur la terrasse du palais de Minos. À la sortie du labyrinthe, il revient sur cette idée : « Pourtant, je suffoquais un peu, habitué que j'étais, je l'ai dit, à ne me sentir bien qu'en air libre » (*RR*, II, p. 1009).

Thésée ne s'arrête (presque) jamais, il est un être en mouvement, animé par le désir de faire jeu de toutes les cartes qu'il possède. Il se met ainsi à la disposition de son peuple – se portant volontaire comme

96 Peter Schnyder, « *Les Cahiers de la Petite Dame.* Notes pour une histoire authentique d'André Gide », dans *1918 dans l'itinéraire d'André Gide*, *op. cit.*, p. 117.

tribut pour le Minotaure – et de ses amis, restant aux côtés de Pirithoüs lors dans sa descente aux Enfers. Et s'il ne s'attache pas à une entité singulière, il choisit pourtant d'épouser Phèdre au nom d'un amour nettement moins puissant que celui qu'il éprouve pour son peuple. En effet, lorsque Pirithoüs avance des perplexités au sujet du comportement de sa femme, Thésée emploie une métonymie référentielle pour s'expliquer : « J'épousai la femme et la cité tout ensemble. » (*RR*, II, p. 1015.) Son attachement à rien le rend disponible à tout.

Dans cette perspective, il nous semble légitime de revenir à présent sur le concept d'acte gratuit, qui demeure l'un des principes clés à la fois de l'esthétique et de la morale gidiennes. Nous l'avons évoqué lorsqu'il a été question de la vérité de l'artiste, en relation au besoin de sincérité exprimé par Gide. Mais il concerne également la disponibilité telle que nous venons de la décrire. On peut se souvenir ici de Lafcadio – le protagoniste des *Caves du Vatican* (1914) –, qui tue sans raison son voisin de voyage. Citons également le cas de Michel, héros de *L'Immoraliste*, qui sans aucune explication logique, prend la décision de laisser mourir sa femme de tuberculose au lieu de la soigner. Que dire de Thésée ? Dans son cas, il est difficile de parler de « gratuité ». Établir un parallèle entre son destin et celui des personnages que l'on vient de mentionner nous semble hasardeux, sinon erroné. Si Lafcadio et Michel agissent de manière illogique, en l'absence de toute raison humaine, le geste de Thésée – qui demande aux dieux de tuer son propre fils – est la conséquence de la mauvaise foi de Phèdre. En partisan fervent de justice et d'impartialité, le héros administre sa vie privée comme il administre son royaume.

Au sujet du personnage de Thésée – en faisant le lien avec l'idéal de liberté auquel l'auteur a toujours été fidèle –, Pierre Masson affirme ceci : « Thésée, c'était donc pour le jeune Gide un Prométhée qui aurait su n'être jamais enchaîné, une invitation à vagabonder au gré de ses désirs[97]. » En effet, comme l'affirme le héros de *L'Immoraliste* : « Savoir se libérer n'est rien ; l'ardu c'est savoir être libre. » (*RR*, I, p. 597.) Et cette compétence n'est acquise que par l'expérience : l'auteur partage avec Michel (et plus tard avec Thésée) un penchant pour l'errance. L'on connaît, d'ailleurs, le goût de Gide pour la contemplation de la nature et l'ivresse du mouvement : sa passion pour le voyage le pousse à franchir

97 Pierre Masson, « *Thésée* entre deux cinquantenaires », art. cité, p. 197.

bien de frontières. Chaque fois qu'il est question de liberté, souligne Daniel Moutote, Gide « se dresse avec une force qu'on n'attendrait pas d'un artiste, ferme jusqu'au martyre et comme son Thésée capable de vaincre les monstres[98] ».

En relation au désir ressenti par Gide de changer d'air en permanence, Jean Lambert s'est penché sur la description de ses demeures successives. À ce propos, dans le chapitre de son livre dédié à l'appartement situé rue Vaneau, à Paris, il écrit :

> On sait qu'il n'était pas un sédentaire. Où s'est-il arrêté plus de trois mois ? Aussi rien, rue Vaneau, n'indiquait-il la résidence organisée. Pour commencer, il n'avait pas de bureau. Je compte cinq, six tables où je l'ai vu écrire au cours d'une journée. [...] Oui, il avait le don de transformer les lieux et les choses par une modification inattendue de leur emploi. D'une manière générale, il les préférait incongrus, incommodes, et il pouvait travailler n'importe où. C'est une grande force pour qui a l'esprit sans cesse occupé[99].

Gide refuse la sédentarité, il rejette l'enracinement (pour utiliser un terme qui marque l'histoire littéraire à partir de la fin du XIXe siècle). Mais, selon ses propres mots, il ne préfère pas le temps à l'espace. Comme il écrit dans *Si le grain ne meurt*, si la mémoire des lieux est forte, la chronologie est brouillée : « [Il] est des souvenirs qu'il faut que j'accroche au passage, que je ne saurais sinon où placer. Comme je le disais déjà, je les situe moins aisément dans le temps que dans l'espace » (*SV*, p. 101). Et se laissant guider par le désir de changer, il a toujours attaché peu d'importance à l'abondance ou au luxe. À ce propos, citons encore l'ouvrage de Jean Lambert, où il est possible de lire une courte description de la chambre à coucher de l'écrivain :

> La chambre au lit de cuivre était celle de Gide. Elle n'aurait pu être moins plaisante, ni plus nue [...] cette chambre, où Gide devait mourir. C'est que j'ai peine à me la représenter sans lui ; et, lui présent, c'était partout des livres, des vêtements, des cravates sortant des tiroirs, la table de nuit surchargée de fioles, de tubes, de boîtes de pilules, car il a toujours aimé expérimenter[100].

Cet appartement d'une sobriété impressionnante – qui donne pourtant sur la Tour Eiffel et le dôme des Invalides –, renferme l'esprit solitaire de

---

98 Daniel Moutote, « Gide et Uzès », *BAAG*, n° 34, avril 1977, p. 16.
99 Jean Lambert, *Gide familier*, Paris, Julliard, 1958, p. 48-65.
100 *Ibid.*

l'auteur, même après sa mort : « Croyons que c'est une ombre incapable de regrets et qui, pas plus que le vivant qu'elle remplace, n'aime à se sentir installée nulle part[101]. »

Et ce n'est pas tout, puisque la simplicité de son mode de vie caractérise également l'écriture : Gide privilégie la sobriété, purgeant son style de tout artifice précieux. En choisissant – pour son *Thésée* et bien d'autres de ses textes – de puiser son inspiration dans la mythologie, il crée ainsi un pont entre le passé et le présent, les origines et la modernité. Le mythe n'a rien de désuet pour Gide, qui croit en sa valeur universelle, raison pour laquelle il n'a cessé d'en explorer les potentialités tout au long de sa carrière littéraire, sans jamais proposer de synthèse définitive (comme l'a fait en revanche Mallarmé[102]).

---

101 *Ibid.*
102 Éric Marty, art. cité, p. 109.

CONCLUSION DE LA DEUXIÈME PARTIE

Les œuvres de fiction de Gide ont fait l'objet de maints travaux critiques, qui en ont mis en lumière les spécificités : le style, les techniques narratives, la posture du narrateur, etc. On peut citer, à titre d'exemple, l'essai de René-Marill Albérès, ou encore les articles de David Keypour, Pierre Lachasse, Nerminn Vucelj et Bălașa Ariana. Tout en faisant référence à l'ensemble de la production de l'écrivain, notre attention s'est focalisée sur *Thésée*, dont nous avons souligné la complexité. Si vers la fin de sa vie, Gide décide de s'inspirer de la mythologie, c'est pour faire de son héros le porte-parole de sa morale et de son esthétique. En raison de sa modernité, il s'affirme ainsi comme l'un des plus éminents représentants de la littérature française du XXe siècle.

Arrivé à l'âge de la sagesse, Thésée s'interroge sur son passé et voit que rien ne lui a manqué. « Tout ce que doit et peut faire un homme [...] il l'a fait. Il s'est aventuré pour les siens ; il ne s'est arrêté ni aux pièges du labyrinthe, ni aux philtres de l'amour, ni à la trop bovine beauté du Minotaure[1] », constate Jean-Jacques Thierry. D'esprit flâneur dans sa jeunesse, il s'est distingué par ses exploits, et a ensuite couronné son existence avec la fondation d'Athènes, dont il a voulu faire la capitale de l'esprit. Si Gide réécrit le mythe de Thésée, c'est qu'il souhaite léguer son testament. En regardant en arrière, fier du chemin parcouru, il laisse une dernière trace de son passage dans le monde des lettres, comme l'atteste la fin du récit (déjà citée) : « [J]'ai fait mon œuvre, j'ai vécu. » (*RR*, II, p. 1023.) Le moyen dont il se sert pour que son nom soit gravé à jamais dans la mémoire de ses lecteurs est celui de l'écriture, le meilleur antidote contre l'oubli. Il s'agit d'un nouveau *cogito* : « Je suis, donc j'écris. » Pour son auteur, Thésée représente donc non seulement le héros célèbre et fort, mais aussi le créateur : le fondateur d'Athènes,

---

1 *AG*, p. 171.

l'unificateur du peuple grec et le bâtisseur d'un nouvel ordre de choses, plus juste.

Dans cette perspective, il ne faut pas s'étonner si Thésée accueille Œdipe avec un certain respect teinté d'orgueil : le roi de Thèbes a beau prétendre qu'aveugle, il voit mieux qu'avant ; Thésée se félicite, lui, d'avoir encore ses yeux, car sa pleine santé sert à garantir à l'humanité un futur plus sûr. Comme le souligne Jean-Jacques Thierry, Gide pourrait faire sien le mot d'Oscar Wilde : « J'ai mis mon génie dans ma vie ; dans mes œuvres, je n'ai mis que mon talent[2]. »

Il n'est pas inutile de rappeler ici que l'œuvre et la personnalité de Gide ont suscité pendant un temps l'admiration des surréalistes, et plus particulièrement, d'André Breton. Dans une note du 6 février 1952, il le qualifie de « brillant spécimen d'une espèce révolue[3] », portant au premier plan l'originalité de son esthétique. En définitive, nous pouvons dire que *Thésée* condense en un nombre pourtant limité de pages les principes fondateurs de l'esthétique gidienne : le héros s'exprime et agit en égotiste ; il ne cache rien de son histoire, faisant preuve d'une sincérité absolue ; il se montre ouvert à la diversité, curieux d'explorer de nouveaux territoires, se plaçant dans un état de disponibilité permanente.

---

2 *Ibid.*

3 André Breton, « Sur André Gide » [1952], dans *Œuvres complètes*, t. IV : *Écrits sur l'art et autres textes*, édition établie, présentée et annotée par Étienne-Alain Hubert, avec la collaboration de Philippe Bernier et Marie-Claire Dumas, Paris, Gallimard, « Bibliothèque de la Pléiade », 2008, p. 860-862 (pour la « Notice », voir p. 1397-1398).

CONCLUSION

Publié à une époque où la littérature tend à l'autoréférentialité, *Thésée* s'insère dans cette mouvance : il témoigne du besoin de Gide de brosser son autoportrait, le dernier, sur papier. En même temps, il atteste de sa connaissance et de sa passion pour le mythe, qu'il s'efforce d'actualiser. Dans son récit, il affirme sa présence à plusieurs niveaux : il influence les événements et prête des caractéristiques de sa personnalité à ses personnages. Il laisse néanmoins une certaine liberté à son héros, sans jamais juger ou critiquer ses actes (raisonnés ou gratuits).

En guise de conclusion, revenons sur les objectifs du présent travail. Nous avons d'abord décomposé le mythe de Thésée en sous-unités, à travers un processus herméneutique de scission, afin de saisir les spécificités de la réécriture gidienne. Cela a fait l'objet de la première partie de notre étude, que l'on pourrait qualifier de « comparative » : le mythe ancien a toujours été notre point de référence. Dans la seconde partie, nous avons en revanche focalisé notre attention sur *Thésée* en tant que synthèse de l'art poétique et de l'esthétique de Gide.

Nous pouvons à présent affirmer que le Thésée gidien ressemble beaucoup à celui de la mythologie ancienne. En racontant son chemin de vie – et la symbolique associée à chacune des étapes franchies par le héros –, Gide demeure fidèle à ses modèles. Mais comme on l'a souligné, il n'hésite pas à ajouter à l'histoire des éléments inédits et à infléchir le cours des événements. Dans ce processus de restitution de l'intertexte mythologique, Gide ne se limite pas à retranscrire, en reprenant les mythèmes traditionnels de manière mimétique. En revanche, il intervient et modifie l'histoire de Thésée. Dans *Huit questions de poétique*, Roman Jakobson souligne que le lecteur d'un poème, ou le spectateur d'un tableau, est « réellement attentif à deux ordres : d'un côté, le canon traditionnel ; de l'autre la nouveauté artistique comme déviation de ce canon[1] ». Et

1 Roman Jakobson, *Huit questions de poétique*, Paris, Seuil, 1977, p. 85.

c'est justement ce que le récit gidien propose : *Thésée* est construit dans l'enchevêtrement de la mythologie et de la modernité. Là où il y a (ré) écriture du mythe, il y a également création artistique, comme le souligne Jean-Jacques Wunenburger : « [...] le mythe [...] [est] particulièrement apte à susciter et à diriger la création[2]. » Avec son récit, Gide propose donc une nouvelle voie à suivre, inspirant les générations présentes et futures.

C'est la raison pour laquelle il nous a semblé pertinent de considérer *Thésée* à la lumière des principes fondateurs de l'esthétique gidienne. Le texte s'offre comme la synthèse accomplie d'une réflexion de longue durée sur l'écriture et ses potentialités. Dans ce récit se rencontrent deux mythes – celui d'Œdipe et celui de Thésée – qui sont l'incarnation de deux courants de l'histoire littéraire, de deux styles différents. Gide aspire ainsi à se situer au croisement de la tradition et de la modernité. La première est représentée par le roi de Thèbes, qui se caractérise par son individualisme (au sens négatif du terme), sa tendance à l'isolement et au repli. La seconde est représentée par Thésée, dont le regard n'est plus tourné vers lui-même, mais vers le monde. À l'opposée d'Œdipe, qui a fait le choix de se crever les yeux, Thésée tourne son regard vers les habitants d'Athènes. En définitive, *Thésée* est un récit qui, d'un point de vue thématique, récupère des éléments chers à l'histoire littéraire, mais qu'il faut placer dans le contexte de la modernité en raison de sa forme.

Le conseil qu'Égée donne à Thésée est celui même que Gide s'est imposé de suivre tout au long de sa carrière littéraire : « [...] on n'obtient rien de grand ni de valable, ni de durable, sans effort. » (*RR*, II, p. 988.) Tout comme son personnage, l'écrivain aime les choses bien faites. Il commence l'écriture de *Thésée* à la fin de sa vie, cinq ans avant sa mort, et le conçoit comme un testament spirituel. Il contemple le chemin qu'il a parcouru, apprend de ses expériences, écrit et réécrit, afin que son œuvre soit grande, valable et durable. En d'autres termes – et il faut se souvenir ici du célèbre mot de Gustave Flaubert : « Madame Bovary, c'est moi » –, Gide prête beaucoup de lui-même à Thésée. À l'image de son créateur, le héros aime parler de lui-même – bien qu'il soit conscient des pièges dans lesquels il risque de tomber –, et voue un véritable culte à l'effort. Au cours de notre travail, nous avons analysé minutieusement le texte

2 Jean-Jacques Wunenburger, « Création artistique et mythique », dans *Questions de mythocritique. Dictionnaire*, *op. cit.*, p. 69.

pour peindre le plus fidèlement possible le portrait de Thésée, héros à la fois mythologique et contemporain. Cela nous a permis de mettre en lumière certains choix de l'auteur – en ce qui concerne les techniques de la narration –, et en même temps d'identifier quels éléments contribuent à la définition de sa morale. Soulignant la disponibilité du héros à se raconter, à ne rien cacher de sa personnalité, nous avons pu proposer dans la seconde partie de notre travail une définition de l'esthétique gidienne. Celle-ci englobe trois concepts : l'égotisme, la sincérité et la disponibilité. Dans ce sens, *Thésée* apparaît comme un art poétique, et en même temps, comme un véritable hymne à la vie, adressé par l'auteur septuagénaire à ses lecteurs de demain.

Tout en offrant, pour la première fois, une analyse complète du récit gidien, notre recherche ne vise pas l'exhaustivité. Plusieurs pistes de réflexion demeurent ouvertes, et cela pour deux raisons principales. Dans un premier temps, il faut considérer que la mythologie est un trésor d'inestimable valeur, sans fin. Au sujet du seul personnage de Thésée, les réécritures abondent, d'où la floraison d'ouvrages critiques consacrés au sujet. Récit relativement bref, le *Thésée* de Gide s'insère dans ce vaste ensemble : nous avons observé comment l'auteur exploite un certain nombre de mythèmes, mais certains aspects demandent à être approfondis. Offrant au lecteur plusieurs possibilités d'interprétation, le texte de Gide est en mesure de susciter d'autres réflexions que celles que nous avons proposées. On peut se souvenir, à ce propos, de ce qu'écrit Roland Barthes dans *Critique et vérité* : « [Une] œuvre est éternelle non parce qu'elle impose un sens unique à des hommes différents, mais parce qu'elle suggère des sens différents à un homme unique, qui parle toujours la même langue symbolique à travers des temps multiples : l'œuvre propose, l'homme dispose[3]. » En d'autres termes, comme le souligne Marie Miguet-Ollagnier citant Lévi-Strauss, « un mythe est un faisceau de variantes[4] ».

Il y a une seconde raison qui explique le caractère quelque peu « provisoire » du présent travail, tremplin de recherches futures. Il faut revenir, une dernière fois, au dialogue entre Œdipe et Thésée qui clôt le récit. Après avoir pris connaissance du point de vue du roi d'Athènes, le lecteur attend la réplique de son interlocuteur, qui pourtant n'arrive

3 Roland Barthes, *Critique et vérité*, Paris, Seuil, 1966, p. 51-52.
4 Marie Miguet-Ollagnier, « Les mythes revisités », dans *MM*, p. 466.

pas. Œdipe demeure étrangement silencieux. On ne peut pas savoir si l'écrivain n'a pas eu le temps, ou n'a pas eu l'idée, de la rédiger. Ce qui est certain, c'est qu'il nous laisse ainsi la liberté de l'imaginer et d'en tirer des conclusions susceptibles de jeter une nouvelle lumière sur le récit. À qui, donc, le dernier mot ?

BIBLIOGRAPHIE

SOURCES

ŒUVRES D'ANDRÉ GIDE

GIDE, André, *Journal*, t. I : *1887-1925*, édition établie, présentée et annotée par Éric Marty, Paris, Gallimard, « Bibliothèque de la Pléiade », 1996.

GIDE, André, *Journal*, t. II : *1926-1950*, édition établie, présentée et annotée par Martine Sagaert, Paris, Gallimard, « Bibliothèque de la Pléiade », 1997.

GIDE, André, *Romans et récits, œuvres lyriques et dramatiques*, t. I, édition établie, présentée et annotée par Pierre Masson, avec la collaboration de Jean Claude, Alain Goulet, David Walker et Jean-Michel Wittmann, Paris, Gallimard, « Bibliothèque de la Pléiade », 2009.

GIDE, André, *Romans et récits, œuvres lyriques et dramatiques*, t. II, édition établie, présentée et annotée par Pierre Masson, avec la collaboration de Jean Claude, Céline Dhérin, Alain Goulet et David Walker, Paris, Gallimard, « Bibliothèque de la Pléiade », 2009.

GIDE, André, *Souvenirs et voyages*, édition établie, présentée et annotée par Pierre Masson, avec la collaboration de Daniel Durosay et Martine Sagaert, Paris, Gallimard, « Bibliothèque de la Pléiade », 2001.

GIDE, André, *Divers*, Paris, Gallimard, 1931.

GIDE, André, *Thésée*, Paris, Gallimard, 1946.

GIDE, André, *Œdipe. Suivi de brouillons et textes inédits*, édition établie, présentée et annotée par Clara Debard, Paris, Honoré Champion, 2007.

TÉMOIGNAGES D'ÉPOQUE ET CORRESPONDANCES

ALBÉRÈS, René-Marill, « Gide considéré comme esthète », *Hommage à André Gide*, Paris, La Nouvelle Revue française, 1951, p. 96-100.

BRETON, André, « Sur André Gide » [1952], in *Œuvres complètes*, t. IV : *Écrits sur l'art et autres textes*, édition établie, présentée et annotée par Étienne-Alain

Hubert, avec la collaboration de Philippe Bernier et Marie-Claire Dumas, Paris, Gallimard, « Bibliothèque de la Pléiade », 2008, p. 860-862.

GABORY, Georges, « André Gide. Son œuvre », Paris, La Nouvelle Revue Critique, 1924.

GIDE, André, BUSSY, Dorothy, *Correspondance*, t. III : *1937-1951*, édition établie par Jean Lambert, notes de Richard Tedeschi, Paris, Gallimard, 1982.

LAMBERT, Jean, *Gide familier*, Paris, Julliard, 1958.

MARTIN DU GARD, Roger, *Notes sur André Gide (1935-1951)* [1951], Paris, Gallimard, 1968.

MIOMANDRE, Francis de, « André Gide et l'inquiétude métaphysique », *Mercure de France*, n° 149, mai 1902, p. 361-371.

PICON, Gaëtan, « Actualité d'André Gide », *Fontaine*, n° 56, novembre 1946, p. 614-625, repris in *BAAG*, n° 34, avril 1977, p. 69-81.

PIERRE-QUINT, Léon, *André Gide*, Paris, Stock, 1932 [rééd. Delemain & Boutelleau, 1952].

BIBLIOGRAPHIE CRITIQUE

SUR ANDRÉ GIDE

1918 dans l'itinéraire d'André Gide, actes du colloque de Paris [1988], *BAAG*, n°s 78-79, avril-juillet 1988.

AL-BAZZAR, Sada Nabeel Abd Ali, *La Représentation de la femme chez André Gide. Une étude sur la présence féminine dans l'œuvre de Gide*, Mauritius, Éditions universitaires européennes, 2020.

ALBLAS, Anton, « L'œuvre instantanée : le *Journal* de Gide I », *BAAG*, n° 139, juillet 2003, p. 299-332.

ANGELET, Christian, *Symbolisme et invention formelle dans les premiers écrits d'André Gide*, Gent, Romanica Gandensia XIX, 1982.

ASKARIAN-AMIRI, Atefeh, GHAFOURI GHARAVI, Leylâ, « L'art gidien à la recherche de l'identité perdue : le cas des *Faux-monnayeurs* », *La Revue de Téhéran*, n° 58, septembre 2010, s. p.

BĂLAȘA, Ariana, « Les jeux de l'égo chez André Gide », *Language and Literature. European Landmarks of Identity*, n° 15, 2014, p. 275-280.

BRÉE, Germaine, *André Gide, l'insaisissable Protée. Étude critique de l'œuvre d'André Gide* [1953], Paris, Les Belles Lettres, 1970.

CAILLOIS, Roger, « Le style d'André Gide », *BAAG*, n° 29, janvier 1976, p. 37-40.

CHAUDIER, Stéphane, JULY, Joël, « La phrase ironique dans *Les Faux-monnayeurs* », *Questions de style*, nº 10, 2013, p. 23-48.

DEBREUILLE, Jean-Yves, MARTIN-SCHMETS, Victor et MASSON, Pierre (éd.), *Lectures d'André Gide. Hommage à Claude Martin*, Lyon, Presses universitaires de Lyon, 1994.

DELAGE, Roger, « André Gide et la musique », *BAAG*, nº 39, juillet 1978, p. 13-28.

DIXON, Katherine, *L'Homosexualité d'André Gide. Étude historique et critique*, mémoire de master, University of Canterbury (Canterbury), 1962.

EL SOKATI, Chahira Abdallah, *André Gide au miroir de la critique :* Corydon *entre œuvre et manifeste*, thèse de doctorat, université Paris-Est Créteil (Paris), 2011.

GOULET, Alain, « Jeux de miroirs paludéens : l'inversion généralisée », *BAAG*, nº 77, janvier 1988, p. 23-51.

GOULET, Alain, *Fiction et vie sociale dans l'œuvre d'André Gide*, Paris, Minard, 1985.

GUERINI, Enrico, *Confession homosexuelle et réticence dans l'œuvre autobiographique d'André Gide et de Julien Green*, Paris, L'Harmattan, 2018

HENRIE, Maurice, *Le Mythe de l'acte gratuit chez André Gide*, thèse de doctorat, University of Ottawa (Ottawa), 1969.

KACHLER, Olivier, « *Retour de l'U.R.S.S.* de Gide : revenir de l'utopisme à l'utopie du poème », *Stella*, nº 29, décembre 2010, p. 139-150.

KEYPOUR, David, « La fonction esthétique du paratexte gidien », *LittéRéalité*, nº 1, 1993, p. 66-73.

KOPP, Robert et SCHNYDER, Peter (éd.), *André Gide et la tentation de la modernité*, actes du colloque de Mulhouse [2001], Paris, Gallimard, 2002.

LAFILLE, Pierre, *André Gide romancier*, Paris, Hachette, 1954.

LANOIX, Francine, *Le Rôle de la femme dans les œuvres de jeunesse d'André Gide*, mémoire de master, McGill University (Montréal), 1970.

LEJEUNE, Philippe, « Autobiographie et homosexualité en France au XIXᵉ siècle », *Romantisme*, nº 56 : *Images de soi. Autobiographie et autoportrait au XIXᵉ siècle*, 1987, p. 79-94.

LEPAPE, Pierre, « André Gide (Paris, 22 novembre 1869-Paris, 19 février 1951) », *FranceArchives. Portail national des archives.* Le texte est disponible en ligne.

MARTIN, Claude, *André Gide par lui-même*, Paris, Seuil, 1963.

MARTIN, Claude, *Gide*, Paris, Seuil, 1963.

MARTIN, Claude, « Toujours vivant, toujours secret », *Études littéraires*, nº 3, 1969, p. 289-303.

MARTY, Éric, « Gide et les classiques », *BAAG*, nº 149, janvier 2006, p. 19-32.

MASSON, Pierre, « Le voyageur et ses bagages, ou Des journaux de voyage d'André Gide considérés comme l'aboutissement d'un genre », *Littératures*, nº 5, 1982, p. 55-73.

MASSON, Pierre, *André Gide. Voyage et écriture*, Lyon, Presses universitaires de Lyon, 1983.

MASSON, Pierre, *Les Sept vies d'André Gide*, Paris, Classiques Garnier, 2016.

MOUTOTE, Daniel, « *Corydon* en 1918 », *BAAG*, n°s 78-79, avril-juillet 1988, p. 9-24.

MOUTOTE, Daniel, « Gide et Uzès », *BAAG*, n° 34, avril 1977, p. 5-21.

MOUTOTE, Daniel, *Égotisme français moderne. Stendhal, Barrès, Valéry, Gide*, Paris, SEDES, 1980.

PÉREZ CASTAÑEDA, Rosa-María, « La fonction thérapeutique de l'écriture de Gide », *in* ARMSTRONG, Christine, VAN TUYL, Jocelyn (éd.), *Gide en Floride*, actes du colloque de Sarasota [2001], *BAAG*, nos 131-132, juillet-octobre 2001, p. 399-405.

PÉREZ PONCE, Marsha Malone, *La Femme dans l'œuvre d'André Gide*, mémoire de master, University of Arizona (Tucson), 1968.

POLLARD, Patrick, *André Gide. Homosexual moralist*, Newhaven, Yale University Press, 1991.

POLLARD, Patrick, *Répertoire des lectures d'André Gide*, t. II : *Littérature et culture de langue anglaises*, Londres, Birkbeck College, 2004.

RIVALIN-PADIOU, Sidonie, *André Gide : à corps défendu*, Paris, L'Harmattan, 2002.

SAVAGE BROSMAN, Catharine, « Gide et le bon sauvage », *in* ARMSTRONG, Christine, VAN TUYL, Jocelyn (éd.), *Gide en Floride*, actes du colloque de Sarasota [2001], *BAAG*, nos 131-132, juillet-octobre 2001, p. 329-353.

STEEL, David, « Thésée à Cambridge, 1918 », *BAAG*, nos 78-79, avril-juillet 1988, p. 25-40.

THIERRY, Jean-Jacques, *André Gide*, Paris, Hachette, 1986.

VAN TUYL, Jocelyn, « Figurations du voyage dans *El Hadj* », *BAAG*, n° 128, octobre 2000, p. 481-494.

VOEGELE, Augustin, *Musique et désir chez André Gide*, Paris, Classiques Garnier, 2020.

VUCELJ, Nerminn, « Le narrateur gidien », *BAAG*, n° 146, avril 2005, p. 231-243.

WALKER, David H., « L'écriture et le réel dans les fictions d'André Gide », *in* BESSIÈRE, Jean (éd.), *Roman, réalités, réalismes*, Paris, Presses universitaires de France, 1989, p. 121-136.

WITTMANN, Jean-Michel, *Gide ou l'identité en question*, actes du colloque de Metz [2015], Paris, Classiques Garnier, 2017.

SUR ANDRÉ GIDE ET LE MYTHE

ABS, Robert, « Le texte de *Thésée* », *BAAG*, nos 74-75, avril-juillet 1986, p. 11-23.

BERNARDINI, Gian Luigi Di, « Le paradoxe énonciatif du *Thésée* gidien », *in* SCHNYDER, Peter (éd.), *Métamorphoses du mythe. Réécritures anciennes et modernes du mythe antique*, avant-propos de Jean Bollack, Paris, Orizons, 2007, p. 605-616.

DHÉRIN, Céline, MARTIN, Claude, « Pour en finir avec le *Thésée* d'Étiemble : histoire du texte, histoire du style », in *Cahiers André Gide*, 10 : *L'écriture d'André Gide* I. *Genèse et spécificités*, textes réunis et présentés par Alain Goulet et Pierre Masson, Paris, Minard, « La Revue des Lettres Modernes », 1998, p. 137-160.

DHÉRIN, Céline, MARTIN, Claude, *Pour l'histoire du* Thésée *d'André Gide*, Tupin-et-Semons, Publications de l'Association des Amis d'André Gide, 2012.

DUROSAY, Daniel, « Thésée roi. Essai sur le discours politique dans le *Thésée* de Gide », *BAAG*, nº 106, avril 1995, p. 200-221.

ÉTIEMBLE, « Le style du *Thésée* d'André Gide », *Les Temps modernes*, nº 21, mars 1947, p. 1032-1038.

FOURTANIER, Marie-José, « La construction de l'auteur par la mise en scène de figures mythologiques : l'exemple de Gide et de sa réinterprétation du mythe de Thésée », *Modernité*, nº 18 : *L'auteur. Entre biographie et mythographie*, dossier préparé par Brigitte Louichon et Jérôme Roger, Pessac, Presses universitaires de Bordeaux, 2002, p. 91-99.

GEERTS, Walter, « Du "dégoût" des dieux. Lecture du *Thésée* d'André Gide », *in* BERG, Christian, GEERTS, Walter, PELCKMANS, Paul, TRITSMANS, Bruno (éd.), *Retours du mythe. Vingt études pour Maurice Delcroix*, Amsterdam, Rodopi, 1996, p. 165-182.

GERMAIN, Gabriel, « André Gide et les mythes grecs », *in* ARLAND, Marcel, MOUTON, Jean (éd.), *Entretiens sur André Gide. Colloque de Cerisy (septembre 1964)*, Paris, Mouton & Cie, 1967, p. 41-67.

GENOVA, Pamela, « *Theseus* Revisited : Commitment through Myth », *in* CONNER, Tom (éd.), *André Gide's Politics : Rebellion and Ambivalence*, New York, Palgrave, 2001, p. 263-283.

GENOVA, Pamela, *André Gide dans le labyrinthe de la mythotextualité*, West Lafayette, Purdue University Press, 1995.

JELÍNKOVÁ, Renata, *La Mythologie dans l'œuvre d'André Gide*, mémoire de maîtrise, Universita Karlova (Prague), 2007.

KLIK, Marcin, « Thésée dans le labyrinthe du texte », *in* KROKER, Wiesław (éd.), *Histoire et critique littéraire en mouvement. Mélanges offerts à Henryk Chudak*, Varsovie, Wyvawnictwa Uniwersytetu Warszawskiego, 2009, p. 225-238.

LACHASSE, Pierre, « *Œdipe* d'André Gide ou le mythe renouvelé », *BAAG*, nº 53, janvier 1982, p. 5-21.

LACHASSE, Pierre, « *Thésée*, le labyrinthe du récit », *BAAG*, nº 106, avril 1995, p. 222-243.

« Le Dossier de presse de *Thésée* », *BAAG*, nº 27, juillet 1975, p. 25-40 ; nº 29, janvier 1976, p. 29-42 ; nº 31, juillet 1976, p. 48-56 ; nº 32, octobre 1976, p. 51-58 ; nº 145, janvier 2005, p. 110-126.

LEFTER, Diana-Adriana, « La découverte du moi à travers le mythe de Narcisse. Étude sur *Les Cahiers d'André Walter* et *Le Traité du Narcisse* », *in* GEORGESCU, Corina-Amelia (éd.), *Limba şi Literatura repere identitare în context european*, Piteşti, Editura Universităţii din Piteşti, 2005, p. 271-279.

LEFTER, Diana-Adriana, *Du mythe au moi. Le mythe de Narcisse et de Thésée chez André Gide*, Bucarest, Editura Universităţii din Bucureşti, 2007.

LEFTER, Diana-Adriana, « Le mythe dans le théâtre d'André Gide : *Le Roi Candaule* – un autre mythe du créateur », *in* SCHNYDER, Peter (éd.), *Métamorphoses du mythe. Réécritures anciennes et modernes du mythe antique*, avant-propos de Jean Bollack, Paris, Orizons, 2007, p. 506-518.

LEFTER, Diana-Adriana, « Le héros, au centre du système mythologique gidien », *Language and Literature. European Landmarks of Identity*, n° 13, 2013, p. 303-310.

LOPES ARUAJO, Renata, « La (re)lecture du mythe chez *Thésée* d'André Gide », *Non Plus. Littérature*, n° 1, janvier-juin 2012, p. 41-46.

LÉVY, Zvi Herman, « André Gide entre Œdipe et Thésée », *French Studies*, n° 1, janvier 1990, p. 34-46.

MAGNY, Claude-Edmonde, « À propos du *Thésée*. L'éthique secrète d'André Gide », *BAAG*, n° 30, avril 1976, p. 49-62.

MARTY, Éric, « Considérations sur la mythologie. Croyance et assentiment », *BAAG*, n°s 78-79, avril-juillet 1988, p. 107-114.

MASSON, Pierre, « *Thésée* entre deux cinquantenaires », *BAAG*, n° 106, avril 1995, p. 197-199.

MÉNÉCHAL, Jean, « Les destins pervers de Thésée », *in* ID., *Psychanalyse et politique. Le complexe de Thésée*, avec une préface de René Kaës et une postface de Jean Peuch-Lestrade, Toulouse, ERES, 2008, p. 59-92.

POLLARD, Patrick, *Gide et le mythe grec. Suivi de fragments du* Traité des Dioscures *et autres textes inédits*, Paris, Classiques Garnier, 2019.

POLLARD, Patrick, « The Sources of André Gide's *Thésée* », *Modern Language Review*, n° 2, avril 1970, p. 290-297.

RENAULD, Pierre, « Gide, Plutarque et la légende de Thésée », *BAAG*, n° 106, avril 1995, p. 245-267.

WILLIAMS, Helen Watson, *André Gide and the Greek Myth. A Critical Study*, Oxford, Clarendon Press, 1967.

SUR LE MYTHE ET LA MYTHOLOGIE

ALBOUY, Pierre, *Mythes et mythologie dans la littérature française*, Paris, Armand Colin, 1969.

BARTHES, Roland, *Mythologies*, Paris, Seuil, 1957.

BRAUSTEIN, Florence, PÉPIN, Jean-François, *Les Grands mythes fondateurs*, Paris, Ellipses / Marketing S.A., 1995.

BRUNEL, Pierre, *Mythocritique. Théorie et parcours* [1992], Grenoble, Éditions université Grenoble-Alpes, 2016.

CAILLOIS, Roger, *Le Mythe et l'homme*, Paris, Gallimard, 1938.

CALAME, Claude, *Poétiques des mythes dans la Grèce antique*, Paris, Hachette, 1986.

CALAME, Claude, *Thésée et l'imaginaire athénien, légende et culte en Grèce antique*, Lausanne, Payot, 1996.

DELCOURT, Marie, *Œdipe ou la légende du conquérant*, Genève, Droz, 1944.

DELCOURT, Marie, *L'Oracle de Delphes*, Paris, Payot, 1955.

DURAND, Gilbert, *Structures anthropologiques de l'imaginaire*, Paris, Bordas, 1969.

DURAND, Gilbert, *Figures mythiques et visages de l'œuvre. De la mythocritique à la mythanalyse*, Paris, Dunod, 1992.

DUMÉZIL, Georges, *Du mythe au roman*, Paris, Presses universitaires de France, 1970.

DUMÉZIL, Georges, *Mythe et épopée*, Paris, Gallimard, 1973.

ELIADE, Mircea, *Comentarii la legenda Meşterului Manole* [1943], Bucarest, Humanitas, 2004.

ELIADE, Mircea, *Tratat de istoria religiilor* [1949], Bucarest, Humanitas, 1995.

ELIADE, Mircea, *Imagini şi simboluri* [1952], Bucarest, Humanitas, 1994.

ELIADE, Mircea, *Mituri, vise şi mistere* [1957], traduction par M. Ivănescu et C. Ivănescu, Bucarest, Univers Enciclopedic, 1998.

ELIADE, Mircea, *Aspects du mythe*, Paris, Gallimard, 1963.

FERNANDEZ, Nicole, *La Crète du roi Minos, une brillante civilisation de la protohistoire égéenne*, Paris, L'Harmattan, 2008.

GENNEP, Arnold Van, *Riturile de trecere*, Iaşi, Polirom, 1966.

JUNG, Carl Gustav, *Introduction à l'essence de la mythologie : l'enfant divin, la jeune fille divine* [1941], Paris, Payot, 1974.

LÉVI-STRAUSS, Claude, *Anthropologie structurale*, Paris, Librairie Plon, 1958.

LÉVI-STRAUSS, Claude, *Mythe et oubli*, Paris, Seuil, 1975.

LILIN, Andrei, *Mitul marelui vânător*, Timişoara, Facla, 1986.

ROUQUETTE, Nadine, *Minotaure et labyrinthe, l'indicible et l'invisible : expression du mythe dans la littérature québécoise*, thèse de doctorat, université Bordeaux-Montaigne (Bordeaux), 2016.

SCHNYDER, Peter (éd.), *Métamorphoses du mythe. Réécritures anciennes et modernes des mythes anciens*, avant-propos de Jean Bollack, Paris, Orizons, 2007.

SIGANOS, André, *Le Minotaure et son mythe*, Paris, Presses universitaires de France, 1993.

TROUSSON, Raymond, *Thèmes et mythes*, Bruxelles, Éditions de l'université de Bruxelles, 1981.

BIBLIOGRAPHIE GÉNÉRALE

ALBÈRES, René-Marill, *Histoire du roman moderne*, Paris, Albin Michel, 1963.

BACHELARD, Gaston, *L'Eau et les rêves. Essai sur l'imagination de la matière*, Paris, José Corti, 1942.

BADINTER, Élisabeth, *L'Amour en plus. Histoire de l'amour maternel du XVIIe siècle au XXe siècle*, Paris, Flammarion, 1980.

BAL, Mieke, *Narratologie : essais sur la signification narrative dans quatre romans modernes. Les Instances du récit*, Utrecht, HES Publishers, 1984.

BARTHES, Roland, *Sur Racine*, Paris, Seuil, 1963.

BARTHES, Roland, *Critique et vérité*, Paris, Seuil, 1966.

BARTHES, Roland, *Le Plaisir du texte*, Paris, Seuil, 1973.

BARTHES, Roland, KAISER, Wolfgang, CLAYSON BOOTH, Wayne, HAMON, Philippe, *Poétique du récit*, Paris, Seuil, 1977.

BATAILLE, Georges, *Sur Nietzsche* [1945], Paris, Gallimard, 1967.

BEAUVOIR, Simone de, *Le Deuxième sexe* [1949], t. I : *Les faits et les mythes*, Paris, Gallimard, 1986.

BERGSON, Henri, *La Pensée et le mouvant. Essais et conférences* [1934], Paris, Presses universitaires de France, 1969.

BERGSON, Henri, *Le Rire. Essai sur la signification du comique* [1923], Paris, Presses universitaires de France, 1959. Une version du texte est disponible en ligne.

CAUSSE, Jean-Daniel, *Figures de filiation*, Paris, Le Cerf, 2008.

COHN, Derrit, *Le Propre de la fiction*, traduction par Cl. Hary-Schaeffer, Paris, Seuil, 2001.

DEGUY, Michel, *La Raison poétique*, Paris, Galilée, 2000.

DELEUZE, Gilles, GUATTARI, Félix, *L'Anti-Œdipe*, Paris, Minuit, 1972 (rééd. 1973).

DEL LUNGO, Andrea, *L'Incipit romanesque* [1997], Paris, Seuil, 2003.

DEL LUNGO, Andrea, *Le Début et la fin du récit. Une relation critique*, Paris, Classiques Garnier, 2010.

DELRUELLE, Édouard, *Métamorphoses du sujet. L'éthique philosophique de Socrate à Foucault* [2004], Bruxelles, Boeck, 2006.

DUCHET, Claude, « Pour une sociocritique », *Littérature*, n° 1, 1971, p. 5-14.

FOUCAULT, Michel, *Histoire de la sexualité*, Paris, Gallimard, 1976.

FREUD, Anna, *Le Moi et les mécanismes de défense*, Paris, Presses universitaires de France, 1949.

FREUD, Sigmund, *Le Moi et le ça* [1923], Paris, Presses universitaires de France, 1966.

FREUD, Sigmund, *Trois essais sur la théorie sexuelle* [1905], Paris, Gallimard, 1986.
FREUD, Sigmund, *Totem et tabou* [1913], traduction par S. Jankélévitch [1923], Paris, Payot, 1947.
GASPARINI, Philippe, *Est-il Je ? Roman autobiographique et autofiction*, Paris, Seuil, 2004.
GENETTE, Gérard, *Figures I*, Paris, Seuil, 1966.
GENETTE, Gérard, *Figures II*, Paris, Seuil, 1969.
GENETTE, Gérard, *Figures III*, Paris, Seuil, 1972.
GENETTE, Gérard, *Palimpsestes*, Paris, Seuil, 1982.
GENETTE, Gérard, *Seuils*, Paris, Seuil, 1987.
GENETTE, Gérard, *Fiction et diction*, Paris, Seuil, 1991.
GEORGESCU, Corina-Amelia (éd.), *Language and Literature. European marks of identity*, t. II, Piteşti, Editura Universităţii de Piteşti, 2007.
GOGA, Yvonne, *Tendances du roman français au XXe siècle*, Cluj-Napoca, Euro Tami Press, 1998.
GOLDMANN, Lucien, *Le Dieu caché*, Paris, Gallimard, 1959.
GRELL, Isabelle, *L'Autofiction*, Paris, Armand Colin, 2014.
HUBIER, Sébastien, *Littératures intimes. Les expressions du moi, de l'autobiographie à l'autofiction*, Paris, Armand Colin, 2003.
HUNEBELLE, Danielle, « Interview avec Hervé Bazin. "Nous sommes tous des pères adoptifs" », *Elle*, 4 août 1961, p. 68-71.
JAKOBSON, Roman, *Huit questions de poétique*, Paris, Seuil, 1977.
JANKÉLÉVITCH, Vladimir, *L'Ironie*, Paris, Librairie Felix Alcan, 1936.
JOUVE, Vincent, *Poétique du roman* [1997], Paris, Armand Colin, 2010.
KLIEBENSTEIN, Georges, *Figures du destin stendhalien*, Paris, Presses Sorbonne Nouvelle, 2004.
KRISTEVA, Julia, *Recherches sur une sémanalyse*, Paris, Seuil, 1969.
LAGARDE, André, MICHARD, Laurent (éd.), *Les Grands auteurs français. XXe siècle*, Paris, Bordas, 1965.
LEJEUNE, Philippe, *Le Pacte autobiographique*, Paris, Seuil, 1975.
MAINGUENEAU, Dominique, *L'Énonciation littéraire* [1990], t. II. : *Pragmatique pour le discours littéraire*, Paris, Dunod, 1997.
MONTANDON, Alain (éd.), *De soi à soi. L'écriture comme autohospitalité*, Clermont-Ferrand, Presses universitaires Blaise Pascal, 2004.
MONTANDON, Alain (éd.), *Écrire le vieillir*, Clermont-Ferrand, Presses universitaires Blaise Pascal, 2005.
NAOURI, Aldo, *Les Belles-mères, les beaux pères, leurs brus et leurs gendres*, Paris, Odile Jacob, 2011.
NERVAL, Gérard de, *Œuvres complètes*, t. III, édition établie, présentée et annotée par Jean Guillaume et Claude Pichois, Paris, Gallimard, « Bibliothèque de la Pléiade », 1993.

PLUTARQUE, *Vies*, t. I, traduction par R. Flacelière, Paris, Les Belles Lettres, 1993.
PROPP, Vladimir, *Morphologie du conte*, Paris, Seuil, 1970.
QUENEAU, Raymond, *Gueule de pierre*, Paris, Gallimard, 1934.
RACINE, Jean, *Théâtre complet*, Paris, Baudelaire, 1966.
RICŒUR, Paul, *Temps et récit*, t. III : *Le temps raconté*, Paris, Seuil, 1985.
ROUGEMONT, Denis de, *L'Amour et l'Occident* [1939], Paris, Plon, 1962.
SAINT-PIERRE, Isaure de, « Interview avec Hervé Bazin. "À la recherche de la démocratie familiale" », *Lectures pour tous*, n° 225, octobre 1972, p. 109-112.
STEINHARDT, Nicolae, « Teoria actului gratuit », in *Incertitudini literare*, Cluj-Napoca, Dacia, 1980, p. 331-337.
TADIÉ, Jean-Yves, *Le Récit poétique*, Paris, Gallimard, 1994.
TADIÉ, Jean-Yves, CERQUIGLINI, Blanche, *Le Roman d'hier à demain*, Paris, Gallimard, 2012.
TODOROV, Tzvetan, *Poétique de la prose*, Paris, Seuil, 1971.
TOLEDO, Camille de, *Thésée, sa vie nouvelle*, Paris, Verdier, 2020.
YOURCENAR, Marguerite, *Qui n'a pas son Minotaure*, in *Théâtre*, t. II, Paris, Gallimard, 1971.

DICTIONNAIRES

Dictionnaire universel de la langue française, avec le latin et les étymologies, ouvrage publié sous la direction de Pierre-Claude-Victor Boiste, Paris, Verdier, 1819.
Dictionnaire de mythologie générale, ouvrage publié sous la direction de Félix Guirand, Paris, Librairie Larousse, 1935.
Dictionnaire des mythes littéraires, ouvrage publié sous la direction de Pierre Brunel, Paris, Éditions du Rocher / Jean-Paul Bertrand, 1988.
Dictionnaire de symboles, ouvrage publié sous la direction de Jean Chevalier et d'Alain Gheerbrant, Paris, Robert Laffont / Jupiter, 2000.
Dicționar de simboluri, ouvrage publié sous la direction d'Ivan Evseev, Timişoara, Amarcord, 2001.
Questions de mythocritique. Dictionnaire, ouvrage publié sous la direction de Danièle Chauvin, d'André Siganos et de Philippe Walter, Paris, Imago, 2005.

SITOGRAPHIE

Centre dédié à la recherche sur André Gide : www.andregide.fr, consulté le 11 novembre 2021.

Fondation Catherine Gide : www.fondation-catherine-gide.org, consulté le 11 novembre 2021.

Site gidien : http://e-gide.blogspot.com, consulté le 11 novembre 2021.

INDEX DES NOMS

ABS, Robert : 52
AL-BAZZAR, Sada Nabeel Abd Ali : 60
ALBÉRÈS, René-Marill : 15, 143
AMROUCHE, Jean : 40-41

BACHELARD, Gaston : 54-55
BADINTER, Élisabeth : 76
BĂLAȘA, Ariana : 143
BAL, Mieke : 113
BARTHES, Roland : 38, 93, 108, 123, 147
BATAILLE, Georges : 83
BAVAUD, Michel : 119
BAZIN, Hervé : 6, 83, 122
BEAUMARCHAIS, Pierre Augustin Caron de : 117
BEL, Jacqueline : 9, 22, 114
BERGSON, Henri : 114-116, 119, 121
BERNARDINI, Gian Luigi Di : 10, 44-45, 95, 102, 109
BERNIER, Philippe : 144
BOISTE, Pierre-Claude-Victor : 98
BOLLACK, Jean : 9, 22, 95
BRAUSTEIN, Florence : 30
BRÉE, Germaine : 113
BRETON, André : 144
BRUNEL, Pierre : 24, 29-31, 67, 113, 129

CAILLOIS, Roger : 20, 112-113
CALAME, Claude : 27, 30
CAUSSE, Jean-Daniel : 62
CHAUVIN, Danièle : 19
CHEVALIER, Jean : 25, 66
CLERCQ, Jacqueline De : 59, 106
CORNEILLE, Pierre : 85

DEGUY, Michel : 103
DELAGE, Roger : 113
DELCOURT, Marie : 86
DELRUELLE, Édouard : 86
DHÉRIN, Céline : 7, 10, 16, 36-37, 39, 48, 62, 64, 77, 80, 94, 115, 122, 134
DIXON, Katherine : 71
DUCHET, Claude : 41
DUMAS, Marie-Claire : 144
DUMÉZIL, Georges : 22
DUROSAY, Daniel : 7, 105

ELIADE, Mircea : 20-23, 38, 64, 77
EL SOKATI, Chahira Abdallah : 72
EVSEEV, Ivan : 51

FERNANDEZ, Dominique : 72
FERNANDEZ, Ramon : 15
FOTSING FONDJO, Luc : 66
FOUCAULT, Michel : 86
FOURTANIER, Marie-José : 41, 94
FRAISSE, Luc : 33
FREUD, Anna : 117-118
FREUD, Sigmund : 23, 74, 90, 114

GASPARINI, Philippe : 108-109, 121-122, 125, 129-130
GAUTIER, Gérard : 118, 120
GENETTE, Gérard : 38, 41, 111-112
GENOVA, Pamela : 72
GEORGESCU, Corina-Amelia : 45, 49, 102
GERMAIN, Gabriel : 39, 79
GHEERBRANT, Alain : 25
GOGA, Yvonne : 97-98, 136
GOLDMANN, Lucien : 119

GOULET, Alain : 7, 135
GUILLAUME, Jean : 74
GUIRAND, Félix : 22

HENRIE, Maurice : 132
HOOG, Armand : 37
HUBERT, Étienne-Alain : 144
HUBIER, Sébastien : 38, 90

JAKOBSON, Roman : 145
JANKÉLÉVITCH, Vladimir : 116
JELÍNKOVÁ, Renata : 16
JOUVE, Vincent : 100

KANTERS, Robert : 17, 35, 61, 87, 119-120
KEMP, Robert : 17, 40, 57, 60, 91
KEYPOUR, David : 143
KLIK, Marcin : 79
KOPP, Robert : 112

LACHASSE, Pierre : 17, 36, 77, 85, 108, 110, 116, 121, 126, 130, 143
LAGARDE, André : 38-39, 131, 137
LAMBERT, Jean : 39, 140
LANOIX, Francine : 60
LAPORTE, René : 40, 42, 93
LECLER, Éric : 22
LEFTER, Diana-Adriana : 10, 16, 21, 27, 37-38, 43-44, 49-50, 60, 62-63, 68, 72, 74, 98, 102, 109, 116, 136
LEJEUNE, Philippe : 71, 107-108
LEPAPE, Pierre : 112, 116
LÉVI-STRAUSS, Claude : 22, 43, 147
LÉVY, Zvi Herman : 74
LILIN, Andrei : 31
LOUICHON, Brigitte : 41
LUBIN, Georges : 90
LUNGO, Andrea Del : 100-101, 126

MAGNY, Claude-Edmonde : 91
MAINGUENEAU, Dominique : 126
MALLARMÉ, Stéphane : 39, 141
MARTIN-CHAUFFIER, Louis : 43
MARTIN, Claude : 15-16, 131
MARTIN DU GARD, Roger : 16, 42
MARTY, Éric : 7, 69, 141
MASSON, Pierre : 7, 17, 36-37, 123-124, 139
MICHARD, Laurent : 38-39, 131, 137
MIGUET-OLLAGNIER, Marie : 147
MONTANDON, Alain : 83
MOREMANS, Victor : 93, 95
MOUTOTE, Daniel : 71, 98, 102, 129, 140

NAOURI, Aldo : 87
NERVAL, Gérard de : 74
NEWTON, Isaac : 119

PARROT, Louis : 135
PÉPIN, Jean-François : 30
PÉREZ CASTAÑEDA, Rosa-María : 127
PÉREZ PONCE, Marsha Malone : 60
PICHOIS, Claude : 74
PICON, Gaëtan : 93, 112, 121, 129
PIERRE-QUINT, Léon : 15, 57, 71
PLUTARQUE : 9-10, 17, 27-28, 44, 48, 50, 55-56, 58, 75, 79
POLLARD, Patrick : 10, 17, 27, 35, 61, 71, 79, 93
PROUST, Marcel : 113-114

QUENEAU, Raymond : 128

RACINE, Jean : 30, 76
RENAULD, Pierre : 9-10, 17, 27, 44, 48, 68-69, 74-75
RICŒUR, Paul : 111
RIVALIN-PADIOU, Sidonie : 92, 109, 118
ROGER, Jérôme : 41
ROUGEMONT, Denis de : 45
ROUQUETTE, Nadine : 68
ROUSSEAU, Jean-Jacques : 109

SAND, George : 90
SCHNYDER, Peter : 9, 23-34, 112, 138
SIGANOS, André : 19, 33, 67
STEINHARDT, Nicolae : 16

TADIÉ, Jean-Yves : 84, 98, 137
THIERRY, Jean-Jacques : 15, 37, 94, 97, 99, 137, 143-144
TODOROV, Tzvetan : 130
TOLEDO, Camille de : 24
TROUSSON, Raymond : 19, 21, 23

VAN TUYL, Jocelyn : 124, 127
VOEGELE, Augustin : 113
VOLTAIRE (François-Marie Arouet, *dit*) : 85
VUCELJ, Nerminn : 143

WALKER, David H. : 7, 122-123
WALTER, Philippe : 19
WILDE, Oscar : 71, 131, 144
WITTMANN, Jean-Michel : 7, 98
WUNENBURGER, Jean-Jacques : 146

ZOLA, Émile : 114

INDEX DES PERSONNAGES MYTHOLOGIQUES

AETHRA : 24, 27, 48
AMAZONES : 26, 28, 46, 50, 76
ANTIGONE : 87
ANTIOPE : 28-29, 46, 50, 69, 111
APHRODITE : 55
APOLLON : 25
ARIANE : 25-26, 28-31, 35-36, 42, 44, 50, 56-59, 61-65, 68-70, 73, 75, 93, 106, 115-117, 126, 128, 133-135

CASSANDRE : 106
CÉCROPS : 24
CERCYON : 27, 115-116, 126

DÉDALE : 28, 31, 42, 58-61, 65, 67-69, 74, 93, 117, 120, 127-128, 135
DIONYSOS : 26, 28, 31, 66, 75, 106

ÉGÉE : 24-28, 36, 42, 46-48, 51, 55, 59, 63-64, 73-74, 103, 110, 126, 128, 132-133, 146
ÉGLÉ : 50
ÉRECHTHÉE : 24, 27-28
ÉTÉOCLE : 87

GÉRYON : 45, 115-116, 125, 133

HÉLÈNE : 29, 75-76
HÉRACLÈS : 25, 28, 51
HIPPOLYTE : 26, 28-30, 41, 44, 50, 58, 63, 69, 76-77, 92-93, 101-102, 121, 125-126, 132, 138

ICARE : 42, 58, 60-61, 67, 73, 120-121, 128
ISMÈNE : 87

JOCASTE : 85-87

LAÏOS : 85, 87
LYCOMÈDE : 26, 29, 42

MÉDÉE : 21, 51
MÉROPE : 28
MINOS : 29, 42, 49, 51-56, 58-59, 67, 70, 104, 110, 115, 118, 126, 133, 135, 137-138
MINOTAURE : 25-26, 28-31, 42, 46, 51-52, 57-61, 63-68, 70, 73, 103, 126, 128, 133, 135, 139, 143

NARCISSE : 10, 16, 34-35, 102

ŒDIPE : 11, 17, 21, 35, 42, 74, 80, 84-95, 144, 146-148
ORPHÉE : 21, 66

PANDION : 24
PASIPHAË : 36, 52, 58, 67-68, 115-116
PÉLOPS : 27, 47
PÉRIPHÉTÈS : 27, 45, 116, 126
PERSÉPHONE : 17, 26, 31, 35
PHAIA : 27
PHÈDRE : 28-30, 42, 50, 57-58, 63, 65, 69-70, 75-77, 93, 105-106, 126, 133, 135, 139

Pirithoüs : 26, 29-31, 50, 70, 75-76, 93, 105-106, 117, 126, 138-139
Pitthée : 27, 47, 132
Polynice : 87
Poséidon : 24, 27, 29, 38, 44, 46, 48-49, 51-58, 63-64, 67, 104, 110, 112, 125-126
Procuste : 27, 45, 116
Prométhée : 35-36, 39, 51, 105, 114, 126, 130, 139
Proserpine : 75

Romulus : 27

Scyron : 27, 126, 133
Sinis : 27
Sisyphe : 97
Sphinx : 86-88

Thésée : 9-11, 16-18, 20, 23-31, 34-77, 79-80, 84, 87-95, 98, 100-118, 120-122, 124-130, 132-141, 143-147
Tristan : 21

Zeus : 51, 53, 58, 126

TABLE DES MATIÈRES

TABLE DES RÉFÉRENCES 7

INTRODUCTION 9

PREMIÈRE PARTIE

ANDRÉ GIDE ET LA TENTATION DU MYTHE

CONSIDÉRATIONS THÉORIQUES ET MÉTHODOLOGIQUES 15

REPÈRES MYTHOLOGIQUES 19

Le mythe et les origines de la mythologie 19

Le mythe et la religion 21

Le mythe et le savoir 23

Thésée, héros de la mythologie grecque 24

Plutarque et le mythe de Thésée 27

Thésée dans la littérature 29

AU CARREFOUR DE DEUX MYTHES 33

André Gide et la réécriture des mythes 33

De la mythologie au mythème 34

Thésée. Questions de genre et de structure 38

Thésée dans le récit gidien 40

Tradition ou modernité ? 42

L'enfance et le départ 44

Pour une aventure en Crète 49

Le baptême de l'eau 52

L'épiphanie 55
Ariane et la passion amoureuse 57
Dédale et Icare 58
Le fil et la filiation 61
Le labyrinthe 64
Le Minotaure. Thésée entre homosexualité et misogynie 66
La tentation homosexuelle 70
Le retour 73
Phèdre 76

CONCLUSION DE LA PREMIÈRE PARTIE 79

DEUXIÈME PARTIE

THÉSÉE, SYNTHÈSE DE L'ESTHÉTIQUE GIDIENNE

L'ART POÉTIQUE 85
Les personnages. Contextualisation 85
Une conversation – art poétique 87

L'ESTHÉTIQUE GIDIENNE
Le gidisme 97
L'égotisme 98
Pour une définition de l'égotisme 98
Seuils. Le choix d'un égotiste 100
Marques de l'égotisme gidien 102
La sincérité 107
Thésée : un récit autobiographique ? 107
Le primat du récit 110
La recherche d'une forme originale : innovations stylistiques 112
L'ironie 114
La divinité : foi ou dérision ? 118
Une écriture visant « la verbalisation immédiate » 121
La reconfiguration du temps linéaire 125

Une stratégie d'emprise du lecteur 126
La sincérité : une morale gidienne 130
Occurrences dans le texte 132
La disponibilité 136

CONCLUSION DE LA DEUXIÈME PARTIE 143

CONCLUSION 145

BIBLIOGRAPHIE 149

INDEX DES NOMS 161

INDEX DES PERSONNAGES MYTHOLOGIQUES 165